白帝社アジア史選書
HAKUTEISHA's
Asian History Series
004

亀の碑と正統

領域国家の正統主張と複数の東アジア冊封体制観

平勢隆郎

白帝社

はしがき

本書に説明しようとする亀の碑は、正式には「亀趺碑《きふひ》」という。亀趺とは亀の趺石《ふせき》のことであり、趺石とは碑を建てる台石のことである。石碑の台石が亀の形をしている。とてもめずらしいものである。

中国の曲阜《きょくふ》にある孔子廟《こうしびょう》においでになった方は、この「亀趺」がそこにたくさんおいてあったことを思い起こされるであろう。孔子になにか関係あるのか、などと自然に考えてしまう。ところが、我が国でみかける亀趺碑は、墓地にあったり、仏教のお寺にあったりと、あり方はさまざまである。

私は、鳥取大学で教鞭をとったことがある。そのころ、市民講座などで、地元と中国に関わるモノに焦点をあてて話をしていた。鳥取池田藩の墓地には、亀趺碑がある。これは曲阜の亀趺と関係があるのでしょうかと、ご老人から質問を受けた。そのことが機縁となって、機会があるごとに、あちこちの大名の墓を見て歩くことになった。

そして次第にのめり込んでしまう。江戸時代の大名の墓は、不思議の世界に満ちている。訪れるたびに、他の大名の墓とは違う部分に気づくのである。共通するところは結構あるのだが、どこか必ず違っている。私は、知らず知らず、この違いを捜し求めていた。その中に、亀趺碑が具体的に位置づけられるようになった。

「お国はどちらですか」という問いに、「日本」と答える人はおるまい。多くの場合、江戸時代の藩を念頭においていう。廃藩置県《はいはんちけん》の後は、県でいう場合も多い。

茨城の南部、利根川の北の地、下総《しもうさ》の一角に生まれた私は、農村の自然の中でのんびり育った。お国といわれれば、説明が難しい土地がらである。下総の大半は千葉県だが、一部が茨城県になっている。その茨城県側が私のふるさとである。

その私は、父の関係で水戸に移った。中学高校と育ったこの地で、私は強烈なお国の意識を味わった。中学は水戸城二の丸跡にあった水戸二中、高校は本丸跡にあった水戸一高である。橋をわたって三の丸跡に出たところが弘道館《こうどうかん》であった。水戸藩の重臣たちの話、斉昭《なりあき》という名君、そんな話題が自然と聞こえてきた。

東京での学生生活の後、最初の赴任地が鳥取である。この地もお国の意識が強いところであった。私は他県からやってきた「よそもの」である。その「よそもの」がどうやって地元に根付くか、それを考えてくだんの研究を始めたのであった。

だから、各地の大名の墓にみられる独自性は、お国意識の現れであることは、すぐに了解できた。

江戸時代とは、すごい時代である。同じだというのが情報交換の結果であることはすぐわかる。逆に、どこかに違うところがあるというのも、実は情報交換あってのものである。その交換の場、それは江戸に違いない。中央集権である。しかし、かたや強烈なお国意識がある。この絶妙なバランスを亀趺が支える。

我が国の中央と地方との関係は、大きくは東アジア冊封《さくほう》体制の多元的あり方に関わる。中華とは中国だけではない。日本も中華であり、朝鮮も中華である。強烈なお国意識、江戸、将軍、天皇、お寺、孔子、こういった言葉を念頭におきながら、以下に、亀趺碑という、めずらしい碑石にかくされた真実をかいま見てみることにしよう。

目次

亀の碑と正統

目　次

第一章

中国の亀趺碑

＊本書中の系図は、『日本史総覧Ｖ　近世二』（新人物往来社　昭和五十九年）をもとに作成したものである。

鳥取池田藩の亀趺碑

関ヶ原の戦いが終わり、江戸幕府が全国に威令を及ぼすにいたった。戦国以来の大名たちは、江戸幕府の下で所領が整理され、安定的な所領を得るものができる一方、頻繁な国替えを経験するものもできた。

鳥取藩主の池田家は岡山藩主の池田家と姻戚関係にある。池田輝政《いけだてるまさ》の嫡孫《ちゃくそん》光政《みつまさ》が鳥取藩主となり、輝正の二男忠継《ただつぐ》の弟忠雄《ただお》の子の光仲《みつなか》が岡山藩主となっていたのを、藩主を交換して光仲が鳥取藩主、光政が岡山藩主となった。

鳥取池田家の墓地は、鳥取市の郊外の国府町にある。国府《こくふ》町は、古代の国府があったところで、古代以来の伝統を誇る宇部《うべ》神社があり、池田家の墓地はその近くにある。

小高い山並みに向かって参道を歩いていくと、一角が墓地として整理されており、門をくぐって墓地に入ると、参道は左手にまがるものと直進するものに分かれる。左手にまがってつきあたったところにあるのが

鳥取池田氏略系図

池田輝政《てるまさ》―利隆《としたか》―光政《みつまさ》（岡山池田氏）
忠継《ただつぐ》＝忠雄《ただお》―①光仲《みつなか》―②綱清《つなきよ》＝③吉泰《よしやす》―④宗泰《むねやす》―⑤重寛《しげのぶ》
⑥治道《はるみち》―⑦斉邦《なりくに》＝⑧斉稷《なりとし》―⑨斉訓《なりみち》＝⑩慶行《よしゆき》＝⑪慶栄《よしたか》＝⑫慶徳《よしのり》

＊―父子　＝父子以外

初代池田光仲の墓である。

この光仲の墓に始まり、歴代藩主の墓は、台石が亀形に作られている。［写真1］亀長、つまり鼻先からしっぽまでは、二一三センチメートル（以下数値は、目安を得るために簡単に計測して得たもの）ある。亀形の台石の上にある碑身《ひしん》（碑の板）は、上の部分が丸みをおび、仏壇の位牌のようになっている。碑身の高さは二七九センチメートルある。碑の正面には、「興禅院殿《こうぜんいんどの》因伯《いんぱく》刺史《しし》俊翁《しゅんおう》義剛《ぎごう》大居士《だいこじ》」とあり、まさに位牌の様式である。碑陰《ひいん》（碑の裏面）には、「故《こ》因伯《いんぱく》両州《りょうしゅう》城主《じょうしゅ》兼《けん》相州《そうしゅう》刺史《しし》羽林《うりん》次将《じしょう》松平《まつだいら》仲公《ちゅうこう》碑銘《ひめい》」と題があり、以下詳しい個人の事績が刻されている。

刺史《しし》は中国の漢《かん》から六朝《りくちょう》時代にあった州という行政区の長を言う。中国の制度では、皇帝の下、行政機関としては郡と県があり、この郡は我が国の国家領域をいくつかに分割した広さを想定していただけばよい。中国の戦国時代には、我が国なみの広さをもつ国家が七つあった。それを秦《しん》の始皇帝《しこうてい》が統一したのち、三十六の郡にわけた。この数値から、おおよそが想定できる。

この郡は滅ぼした領域国家を分割統治する役割をはたしていたわけだが、それをかつての国家に相当する領域でまとめなおして統治しようという考え方が一方であり、漢王朝は、その考え方にそって、監察機関をこのかつての領域《りょういき》国家に相当する広さの領域にまとめなおして設

1　鳥取県岩美郡国府町池田光仲墓石
(22 頁の説明を参照すれば、この碑の碑身上部は「円首」と称される)

置した。それが州であり、その長官を刺史といった。州刺史は州牧《しゅうぼく》と言われたこともある。

州はだんだん郡の行政機能をもつようになり、六朝以後その傾向が顕著になって、それに応じて州の管轄する広さもかつての郡なみに分割されていく。そうするとそれらをさらにまとめる軍区や監察区が設置される。

だから、州刺史という名前が、中国の全時代を通じて用いられていたわけではない。しかも、その管轄する広さは、我が国なみのものである。やがて我が国を幾つかに分割した広さに縮小されるわけだが、それでも我が国の藩よりはかなり広い領域を指している。

州は当初皇帝の天下を十二に分けて設置されたので、この天下を、大小をまったく考慮することなく我が国の天下になぞらえるのなら、同

じく天下の下にある領域を統治するということになり、藩が治める古代以来の「国」も中国の州と同じだという論理もできる。こうした論理によって、江戸時代には、この「州」が「国」の意味として結構使われていた。

「因伯刺史」は因幡《いなば》と伯耆《ほうき》の二つの「州」（国）を治める長官という意味である。

これを碑陰では、「因伯両州城主兼相州刺史」と言い換えている。これは、池田光仲が因幡・伯耆の二国を藩として治める城主であるという実体のある名目とは別に、実体のない名目として「相模《さがみ》の守」に任ぜられているという事情による。この「相模の守」は実際の領地ではない。武家官位を論じるにあたって問題にされる名目上の官位である。大名に関わる「国」には、このように、実質支配を及ぼす「国」と、実体のない名目上の支配域である「国」の二つがあった。この実体のない領地である相模について、碑陰では「相州《そうしゅう》」と表現し、「守」は長官だということで、「相州刺史《そうしゅうしし》」と表現したわけである。

われわれは、この碑の表面と裏面に表現された二つの刺史を詮索するだけで、池田光仲が置かれていた状況と、それを中国風に表現しようとした意識を読みとることができる。

ところで、鳥取池田家の墓石の形は位牌《いはい》形である。この位牌は、我が国では仏教で用いられた。では、中国風の表現は仏教に関連づけて理解したらいいのだろうか。

鳥取大学で教鞭をとっていたことが縁で、市内で催される市民講座にもたびたび呼んでいただいた。そこでお年寄りにこう訪ねられた。「池田公墓地の亀は、なんちゅうんでしょうかなあ、頭の部分が中国のものとちがっとりますなあ。獣のような顔しとります。あれは十二支とでも関係あるんでしょうか。」この方は中国ずきで曲阜の孔子廟にもおいでになったそうである。そこで見た亀の台座は、亀はいわゆる亀のようだった。ところが、鳥取池田家の亀は、耳があって獣のような顔立ちをしている。どうしてこうなっているのか。こういう疑問である。十二支ははたして関わるや否や。

こうした謎の一つ一つを探っていくため、本書では、一度日本の場をはなれ、中国古代の制度をひもといてみることにしよう。

『唐令拾遺』

お年寄りの質問に答えながら、私の脳裏には、一つの書物が浮かんでいた。仁井田陞《にいだのぼる》著『唐令拾遺《とうれいしゅうい》』（東方文化学院東京研究所、一九三三年。復刻、東京大学出版会一九六四年）である。仁井田陞は、一昔前、私が現在所属する東京大学東洋文化研究所の教授であった。その仁井田が法学士から東方文化学院の助手に採用された後に、二十代の勢力を傾注して作り上げた大著である。経《けい》・史《し》・子《し》・集《しゅう》（経は儒教経典、史は歴史書、子はその他、集はそれらを綜合してまとめたもの）にわたる中国文献六十四種、日本文献十一種から計七一五条におよぶ唐令条文を集め、三十三篇よりなる唐令の体系を復原しただけでなく、晋《しん》から隋《ずい》にいたる諸令と宋《そう》以後の諸令を通観し唐令の淵源と後代への展望を可能なかぎり提示したものである。

東方文化学院は、いまはなくなっている。義和団《ぎわだん》の乱の後、各国は中国から得た賠償金を文化政策に拠出することになった。日本は、北京に人文科学研究所、上海に自然科学研究所を作り、のちに日本国内に東方文化学院をつくった。東方文化学院は東京と京都の研究所があった。両者とも戦後は廃止され、東京の研究所はわが東京大学東洋文化研究所に吸収され、京都の研究所は京都大学人文科学研究所の一部となった。

東方文化学院の東京の研究所で研究を続けていた研究員（教授）は、一部はわが研究所に移り、他は全国の大学に移った。

東洋文化研究所は、昭和十六年に設置され、法学部・文学部・経済学部・農学部から選ばれた専任の教授・助教授と、それぞれの学部から派遣された兼任の教授・助教授が一つの研究組織を作っていた。戦後、兼任のわくを専任にきりかえ、東方文化学院から一部移っていただいたようである。

その後、わが研究所には、東南アジアや西アジアなど様々な研究部門が立ち上がり、再編を経て現在にいたっているので、戦後すぐとは随分おもむきが変わっている。しかし、それでも、所内の図書室を歩いていると、あちこちで東方文化学院から移管された書物に出会う。

お互い様ではあるが、まぎらわしい名前はあちこちにあるもので、わが研究所の前においでになった方が、「東洋文庫はどちらでしょうか」と真顔でおたずねになる。これは財団法人東洋文庫で、別組織である。学習院大学にも東洋文化研究所がある。これは所属する大学が異なる。無休会《むきゅうかい》東洋文化研究所は戦前平沼騏一郎《ひらぬまきいちろう》が創設したもので、これも別組織である。それぞれに特徴がある。

さて、鳥取で教鞭をとっていた当時の私は、東京大学東洋文化研究所に縁があろうとは考えもしなかったのであるが、大学院のときに東洋文化研究所の池田温《いけだおん》教授の講義を聴いていて、その際の必要から『唐令拾遺《とうれいしゅうい》』をひもとくことになった。その記憶がよみがえってきたわけである（後のことだが、池田温編集代表の『唐令拾遺補《ほ》』が一九九七年に東京大学出版会から出版され、私の拙い研究の一部も引用していただいた）。

唐令の中に喪葬令《そうそうれい》がある。品階《ひんかい》、つまり官僚制度の中での身分の上下に応じて、喪服はどんな材料でどんな色のものを身につけるかとか、死去したときに国家から賜られる物はどうなっているか、とか、死後どういう石碑をたてるか、とかの規定が並んでいる。

この最後に紹介した死後どういう石碑を建てるか、という規定をさっそく確認してみることにした。

そこにこんな規定がある。

もろもろの碑碣《ひけつ》（石碑）を建てるには、その文章は実録《じつろく》でなければならず、むやみに飾り立ててはいけない。五品以上には、碑を立てて螭首《ちしゅ》・亀趺《きふ》を許す。趺（台石）上は、高さが九尺を超えてはならぬ。七品以上は碣を立てて圭首《けいしゅ》・方趺《ほうふ》を許す。趺上は、高さが四尺を超えてはならぬ。身分はなくてもまことを述べ、孝義が世間に知れ渡った者は、官位についていなくても碣を立ててよい。（墓前に並べる）石人・石獣の類は、三品以上は六、五品以上は四を許す。死後に贈られた官位は、正式の官位の制に同じとみなしてよい。

実は、「〜を許す」と訳した部分は、原文にはない。しかし、同じ内容を記した明の礼令や『永楽大典《えいらくたいてん》』の規定では、「許す」という字がみえている。「立（建）てよ」ではなく「立ててもいいよ」ということである。分を超えた立て方はだめ、という規定である。

関野貞の研究

私の脳裏に、別に浮かんでいたのは、中国で見たことがある幾つかの亀趺碑の残映だった。うち一つは、鳥取のお年寄りと同じ曲阜の亀趺碑である。孔子廟、岱廟《たいびょう》（泰山《たいざん》を祭る廟）に亀趺碑があった［写真2］。かつておとずれたときの写真をひっくりかえしてみると、確かに亀趺碑が映っていた。

2　岱廟亀趺

もう一つは南京《ナンキン》の郊外にあった亀趺碑であった。南北《なんぼく》朝時代の南朝《なんちょう》の梁《りょう》のときのもので、皇帝の下の王として封ぜられた安成康王《あんせいこうおう》蕭秀《しょうしゅう》・始興忠武王《しこうちゅうぶおう》蕭憺《しょうたん》・臨川靖恵王《りんせんせいけいおう》蕭宏《しょうこう》のものであった。農家の庭先などに続いていた参道に置かれていたものである。

これらを手がかりに、調べることになったわけだが、鳥取の私の手元には、学生のころに用意した資料や本だけしかなかった。図書館の蔵書は限られた。乏しい予算の中でやりくりしながら、そして学生の要求を考えながら基本図書を買う、そんな本の買い方をしていたのだが、そうした本の中には、亀趺碑は出てこない。『唐令拾遺』は唯一の例外だった。そこで、機会をみつけて外に調べにいく。

有り難かったのは、京都に知人がいたことである。東京にも知人はたくさんいたが、貧乏暮らしの身には、東京は遠すぎた。亀趺碑のことだけを調べに行ったのではなく、他に手がけなければならないことはたくさんあったのだが、亀趺碑のことも頭にひっかかっていて、ついでに調べる、そんなくせがついた。そのくせをわすれないようにするのに、京都はとてもありがたい存在になった。

京都にいた知人とは、中国人留学生の徐朝龍《じょちょうりゅう》である。一九七九年に当時の指導教授であった西嶋定生《にしじまさだお》を団長とする訪中団に入れてもらって、中国各地を訪れた。西安《せいあん》に着き、碑林《ひりん》を眺めていると、四川《しせん》大学の考古系（考古学部）の大学院生の一行に出会った。中にやたらと流暢な日本語を話す人がいる。それが徐朝龍だった。以後、彼とは文通を始め、日本の事情などを紹介するなどしていた。ある日、日本国内の消印で、「京都大学に留学することになった」という知らせを受けとったのである。

彼の下宿にとめてもらうなどして、再々京都大学に調べに行った。縁は異なもので、当時の考古学研究室では、後に九州大学でいっしょになることになった岡村秀典《おかむらひでのり》（現京都大学人文科学研究所助教授）が助手をしていた。彼をたよったこともある。

そしてたまに、東京に出向く。いまの学生さんと違って、図書館の書庫に入ることはできなかったから、限られたつてをたよって、情報を得ていく。東京では、学生時代からの知人である谷豊信《たにとよのぶ》が東洋文化研究所の助手をしていて、彼をたよったことも少なくない。

そんな調査の中で、あるとき目にとまったのが、戦前なされた関野貞《せきのただし》の研究である。関野は、建築史の専門家で、東京帝国大学の教授であった。関野貞・常盤大定《ときわだいじょう》の篇になる『支那文化史跡《しなぶんかしせき》』（京都、法蔵館、巻三〈一九三九・八〉・巻五〈一九三九・十一〉・巻八〈一九四〇・四〉・巻九〈一九四〇・六〉・巻十〈一九四〇・八〉・巻十一〈一九四〇・十二〉および解説〈各巻同上〉。復刊、法蔵館、一九七五－一九七六）の中に亀趺碑の写真が少なからず収められていたのである。

関野の関心は、まず古建築に向けられ、そこから石碑にも興味を抱いたようである。私は後に朝鮮半島の亀趺碑についての資料をも調査することになるのだが、そこでも彼の名を見いだすことになる。朝鮮半島の亀趺碑の研究は、彼だけでなく他にも貴重な研究を残した人があるが、こと中国方面で言うと、彼が興味をもって調べたもの以外は、ほとんど零細な材料にしかならない。このことが、調べれば調べるほどに明らかになってきた。

縁があって亀趺碑のことを調べることになった私は、知らず知らず関野貞の残した研究の跡をたどっていくことになった。

関野貞が明らかにした事実

関野は、古建築に関する調査を進める中で亀趺碑にも言及した。実地踏査の成果を、まず『書道全集《しょどうぜんしゅう》』巻二［一九三〇・八・十八］・四［一九三一・二・二十］・六［一九三一・三・二十］・八［一九三〇・二・二十］・九［一九三〇・九・十八］・一八［一九三〇・十二・十八］・一九［一九三一・一・十八］に相次いで発表し、それらをまとめて「支那碑碣《しなひけつ》の様式」という論文にしている。この論文は、『支那の建築と芸術』（岩波書店、一九三八・九）に収められた。関野には、また『支那碑碣形式ノ変遷』（座右宝刊行会、一九三五・九・一）という本もあるのだが、これは非売品で見つけるのが大変である。幸いにも東洋文化研究所には収められていた。

関野には、また『六朝陵墓《りくちょうりょうぼ》調査報告』（中央古物保管委員会調査報告第一輯、一九三五・八・一）もある。これには、中国人研究者の朱希祖《しゅきそ》の論文「六朝建康冢墓碑誌考《りくちょうけんこうちょうぼひしこう》証《しょう》」（一九三五・五・十六、作於南京）、同じく「神道碑碣考《しんどうひけつこう》」（一九三五・六・六、作於南京）も収められている。私が幸いにも実際に見ていた梁《りょう》王墓の前にある亀趺碑のことをふくむ報告である。

これらによって、関野は次のことを明らかにした。

一、石碑は戦国時代の石刻《せっこく》（石に字を刻した）の伝統を継承する。後漢時代には、碑身と趺（台石）からなる現在の形式を整えた。

二、三国時代の魏《ぎ》の文帝《ぶんてい》が薄葬《はくそう》の詔を出して墓地として地上の目印をつくることを禁止した。それ以来、西晋《せいしん》時代にいたるまで、墓の前に碑を立てることはほぼなくなり、別の名目で立てられた碑がわずかながら遺存する。

三、南北朝時代になると、石碑が復活し、南朝で、碑身の上部に一対の螭龍《ちりゅう》を彫り出すようになった（これを螭首《ちしゅ》という。螭首は螭龍の頭ではなく、碑身上部の螭龍のことである）。梁王朝の下ではじめて亀趺が使われた。

四、漢代に四神《ししん》が流行した。北の玄武《げんぶ》、東の青龍《せいりゅう》、南の朱雀《すざく》、西の白虎《びゃっこ》の四神である。このうち、玄武つまり亀に蛇がまきついた形のものを、碑の下方に刻した。これが亀趺碑に発展した。
五、同じ時代の北朝《ほくちょう》には、南朝の影響があったようである。東魏《とうぎ》のものとして螭首をあしらった碑がある。また北周《ほくしゅう》になると亀趺をつくった。
六、唐《とう》王朝は碑は、北朝碑の伝統を継承する。碑身に螭首をつくりだし、趺石は亀趺と方趺《ほうふ》である。亀趺は遺存数として少ない。
七、宋《そう》以後は、唐碑の形式を継承する。
八、亀趺の亀の表現形式は、次のように変化する。南朝の梁《りょう》のものは、写実風ながらすこぶる簡素である。これに対し、唐代には写実を加味しつつ勇麗のおもむきが加わる。

以上の基本線はいまも継承して議論できる。ただ、一部は修正が必要になった。

新たに明らかになった事実

関野貞が古建築の研究から石碑のことに言及したように、他の研究者も石碑を専門的に論じる者はなかった。ただ、何人かの研究が興味ある情報を提供してくれている。
一人は、アン・パルーダン（ANN PALUDAN）である。パルーダンは『THE CHINESE SPIRIT ROAD : The classical tradition of stone tomb statuary』（Yale University Press,

New haven & London, 1991）を出版し、神道（SPIRIT ROAD）すなわち我が国でいうところの参道の両脇に並べられた石獣《せきじゅう》の変遷をまとめた。

関野も神道に並べられた石獣のことを紹介しているが、簡略であった。関野はとくに石碑、なかでも亀趺にとりつかれたようである。これに対し、パルーダンの視点は神道の変遷をたどることにそそがれている。

ただ、その中で、パルーダンは後漢の碑にも言及し、関野が紹介することのなかった亀趺関係の材料を写真で提供している。これをよく見てみると、関野が気づかなかった事実がわかる。パルーダンの提供した写真には、青龍《せいりゅう》白虎《びゃっこ》趺《ふ》、つまり台石に青龍と白虎が対向して彫り出されたものがある。それと亀趺のものがある。いずれも関野が指摘した後漢《ごかん》碑の特徴をそなえており、碑身上部の首の部分には、龍がいずれも彫り出されている。

青龍白虎趺の碑の首に龍が彫られているということは、玄武、つまり亀とこれにまきついた蛇が分かれて亀趺、および碑の首の部分の龍になったのではない、ということを意味する。とすると、青龍白虎趺が存在していた時代に、玄武趺があってもいいことになる。紹介された写真からすると、最初から亀を表現しているようにみえる。

そこで、さらに時代を遡《さかのぼ》ってみると、漢代の墓から絹織物に書いた絵、つまり帛画《はくが》が出土していて、そこに亀が描かれている。大地を力士が支え、その大地は水に浮かんでいるらしく、大地のみぎわに亀が描かれているのである。この力士と亀は、時代がくだると大地を亀が支える構図となる。

青龍白虎趺があるということは、玄武趺があってもいいと述べた。玄武は北に配されている。『荘子《そうし》』に「北溟《ほくめい》に魚がいて、名前を鯀《こん》という。鯀のおおきいことといったら、いく千里あるかわからない。鯀は化して鳥となる。名前を鵬《ほう》という。その大きいことといったら、背がいく千里あるかわからない」という有名な一節がある。北には海がある。水に大地がうかんでいる。だから魚がいる。これに対し、南は太陽が南中する方位である。だから、火の鳥、つまり朱雀がいる。北の魚は亀とむすびついて玄武になった。

さらにさかのぼって、殷王朝には、十日神話《じゅうじつしんわ》というのがあった。太陽は十個あり、甲《こう》・乙《おつ》・丙《へい》・丁《てい》・戊《ぼ》・己《き》・庚《こう》・辛《しん》・壬《じん》・癸《き》という名前がついていた。毎日順番に一個ずつ東からのぼり、西に沈んで地の下を移動し、東のほとりにある扶桑《ふそう》の木で休む。休むことを「浴《よく》する」と言っているから、これも水に関係がある。あるとき何をまちがったか、いっせいに十個全部が出てしまった。地上は焼けただれる。天帝は羿《げい》という神をつかわしてそれらを射落とさせた。結果として一個の太陽だけが残った。これは、一個の太陽神話をもつ周《しゅう》王朝が、十個の太陽神話をもつ殷《いん》王朝を滅ぼした結果できた話だろうとされている。

太陽は、空にのぼって南中し、西から東に移動するのは水の中である。そういう宇宙観ができあがった。

東の青龍と西の白虎のもとは、新石器時代にさかのぼることができる。おそらく夜空をかざる星たちの中で、東にみえる蠍《さそり》座と反対側にみえる牡牛《おうし》座に注目があつまり、前者が龍、後者が虎になったのだろう。これに玄武と朱雀が加わって四神となるのは、漢代以後である。

四神は東西南北の四方に配された神だと、漠然と考えがちだが、その四方は、すでに言及したように、太陽の道筋を考えておかないといけない。立体的であり、宇宙を念頭においている。こうした宇宙観が体系的にまとまりをもつにいたったのは、戦国時代前四世紀のことである。よくわかっていないところも多いのだが、漢代にはいくつもの関連する話がくみあわさって、四神となった。四神の話ができたからといって、各地に存在したさまざまな伝説がなくなったわけではない。それらが混在した状況である。そんな状況の中から、亀趺が現れた。

さて、パルーダンによって紹介された後漢時代の青龍白虎趺は高頤《こうい》の墓の碑である。また、後漢の亀趺碑として紹介されたのは樊敏《はんびん》碑である。樊敏碑は曹丹《そうたん》「四川省蘆山《ろざん》県漢樊敏《はんびん》闕清理復原」(『文物』一九六三―十一)に最初に紹介された。

亀は龍の子

亀趺が建っているところにいくと、たいてい聞ける話がある。

この亀は単なる亀ではない。龍の子で贔屓《ひいき》という。龍には子が九あり、龍にはならずにそれぞれ好むところがあった。その一が贔屓で、重いものを好んで背負う。碑の下にある趺はこれである。

この説明のもとになる話は、明《みん》の楊慎《ようしん》が撰した『升庵外集《しょうあんがいしゅう》』にある。すでに話題にした四神やみぎわの亀を念頭においての亀とは、おおいに異なっているのが注目点である。先に紹介した曹丹「四川省蘆山県漢樊敏闕清理復原」には、漢の樊敏の墓の前にある左右二つの闕（碣）のことが紹介されている。そこでは、上記の贔屓の伝説を紹介し、左の碣の画像にあるのが龍が多くの子を産む姿を表現しているとみなした。紹介された文献が、『後漢書《ごかんじょ》』哀牢列伝《あいろうれつでん》である。龍が十子を産み、その一人が哀牢王になったというものである。

だが、この伝説は、さきに紹介した明代の伝説とはずいぶん違っている。亀を生んだという話ではなく、男子を産み一人が哀牢王になったという話である。問題の画像の紹介された拓本をみると、九子ではなく、十子あるいはそれ以上にみえる。おそらく、『後漢書』にみえる伝説と関わりはあるものの、明代の贔屓の伝説には、まだ関わらぬようである。

では、贔屓の伝説はいつできたのだろうか。

この意味から注目される発見例が一つある。薄葬令ののち、地上の目印が禁止されたので、人々は、墓中においていた墓誌を巨大化させ、石碑の意味を兼ねさせた。その巨大な墓誌の中に、亀をかたどったものがある。いくつかある中に、唐の李寿《りじゅ》のもの(『文物』七四―九)がある。その墓誌には、こう記されている。

(北の)溟海《めいかい》が田《た》となり、よき城(墓)にめぐり合った日もわからなくなるのをおそれ、銘をととのえ石をただして記すことにした。……仙鶴《せんかく》がまさにいたらんとし、霊亀《れいき》はここに告げる。云々。

舞い降りる鶴、大地を支える霊亀、ここに表現された霊亀こそが、問題の亀に違いない。だから、(北の)溟海のことが話題になっているのである。

後漢時代に作られた亀趺碑は豪族のためのものである。これに対し、復活した後の亀趺碑は、六朝時代の梁王《りょうおう》の墓前に作られる。王は皇帝にとっては子供のようなものである。哀牢王の伝説は龍の子が王になるというものだった。この伝説と王の墓前に作られた亀とが、次第に近づき一つになったと考えるのが順当だろう。

私のつたない調査によると、贔屓という言葉は、宋代までさかのぼれた。『営造方式《えいぞうほうしき》』という書物に碑石の制度が紹介され、そこで贔屓という大亀《おおがめ》を台石にすることが記されている。また『集韻《しゅういん》』という字書には、贔屓とは大亀のことで、メス亀を贔という説もある、と言う。先に紹介した李寿の墓誌は、亀形だが、その亀には牙がはえ、耳がついている。これが霊亀である。この形相が、後に龍の子の伝説に結びつくきっかけとなっているのであろう。霊亀という言葉は、のちまで残った。『史記《しき》』の亀策《きさく》列伝に霊亀の記述があって、後の人々は、その名を学習することができた。だからということだろうが、下記において問題にする我が国の亀趺に関して、水戸家の記録が残されており、それには、「霊亀を獲た」という伝説がかかわっているようだ（『神亀霊感記』）。

神道碑と顕彰碑

後漢の碑は、豪族の墓の前に建てられた。それが禁止された後、南朝の梁の安成康王蕭秀・始興忠武王蕭憺・臨川靖恵王蕭宏の陵墓の前の碑として使われた。文帝蕭順碑の陵前にもある。この場合文帝は王ではないことになるが、実のところ生前は王で「帝」は追号である。

こうした個人のための石碑は、後に唐令に示されたような規定を生む。唐令については、すでに仁井田陞の研究を紹介した。

この仁井田の研究を、皇帝陵前の碑の問題として、より詳しく知るのに便利なのが、楊寛《ようかん》『中国皇帝陵の紀元と変遷』（西嶋定生監訳、尾形勇・太田侑子共訳、学生社、一九八一・十一）である。これは中国語版（上海古籍出版社、一九八五）にさきがけて日本で出版された。神道に配置された石獣などを被葬者の身分制の上での地位を顕示するものとして論じた部分がある。

この個人のための石碑とは別に、神格を顕彰するための碑も建てられ始めた。これも南北朝時代である。

前燕《ぜんえん》のときに白石神君碑《はくせきしんくんひ》（『金石図説《きんせきずせつ》』甲下六九葉：元璽三年〈三五四年〉建）が建てられている。北周《ほくしゅう》でも、西岳華山神廟碑《せいがくかざんしんびょうひ》が建てられている。

泰山をまつった碑も神格顕彰碑である。岱廟で見た亀趺碑はこれである。

神格がいいとなると、本来は人間でも、神格化された人物ならいいということになる。唐代に伯夷叔斉《はくいしゅくせい》の碑が建てられている。孔子の碑も建てられるようになった。宋代には、孔子には文宣王《ぶんせんのう》という追号までついて、王と同格に扱われる。その顕彰碑が亀趺で建てられた。これが、曲阜で見た亀趺碑である。

亀趺碑が許される品階

仁井田の研究で条文自体は紹介されているのだが、意外になおざりにされている問題がある。それは、唐代の規定が五品以上に亀趺を許すという規定なのに対し、明代になると、この唐と同じ規定、つまり五品以上に亀趺を許すという規定のほかに、三品以上に亀趺を許すという規定があったことである。

どうしてこうなったのかは、実のところ材料不足でよくわからないところがある。ただ、わずかに得られた材料から判断すると、宋代の碑の建て方が後に影響しているようである。

宋の亀趺碑は神格や聖人や先人の顕彰碑に限られているようだ。個人について「五品以上」と規定した唐令の決まりは、意味をもたなくなった。その宋を滅ぼした元朝《げんちょう》では、潘昂霄《はんこうしょう》がいにしえ以来の制度をまとめて『金石令《きんせきれい》』という書物を書いている。その中で、一般の諸碑と個人の神道（参道）碑を分けている。「諸碑では、五品以上に立碑、螭首亀趺を許す。二品以上は碑の高さ一丈二尺を超えてはならず、五品以上は高さ九尺以上を超えてならない」とする。これは神格等の顕彰碑の規定である。唐令の規定を顕彰碑として継承したということである。

これに対し、同じ『金石令』は、神道（参道）碑について、「三品以上は、神道の碑碣を墓の隧道《すいどう》の左側に立てることができる。螭首亀趺が許される。品階ごとに高さの規定がある」と述べる。これは、顕彰碑とは別に、神道碑の規定があったということである。

以上を承けて、『明会典《みんかいてん》』には、洪武《こうぶ》帝時代の規定として、洪武元年のときの「五品以上に螭首亀趺を許す」と洪武二十九年のときの「三品以上に亀趺を許す。一品官に螭首を、二品官に麒麟《きりん》の蓋《がい》を、また三品官に天禄《てんろく》・辟邪《へきじゃ》（という伝説獣）の蓋を許す」という規定を記す。前者が諸碑、後者が神道碑の規定を承けるのだろうが、明確にそのことが言われているわけではない。

一方、『大明令《だいみんれい》』には、「五品以上に碑に亀趺と螭首を用いることを許す。六品以下は碣に方趺と円首《えんしゅ》を用いることを許す」という規定がみえる。これは唐令を言い換えたものである。

結局、唐の規定を復古して碑石一般について定めた五品以上に亀趺を許すという規定と、神道碑のみを顕彰碑とは分けて規定した三品以上に亀趺を許すという規定が併存することになった。後に継承されたのは、『大明令』の規定、つまり唐令の規定のやきなおしであった。これは、明朝が元代の蒙古族政権を打倒してできた漢族の政権であることと密接に関わっている。明代は、復古の気運がみなぎっていた。

以上の点をやや詳しく詮索したのには、実はわけがある。いましばらくこの話題から離れるが、下記において、朝鮮半島の亀趺碑の状況を述べる。また我が国の江戸時代の亀趺碑を述べる。その際に、この品階規定が大きな意味をもってくる。

唐皇帝は建てず、明皇帝は建てた

唐と明の間に、同じであるようなないような規定があったことを述べたわけであるが、両者の間で建て方が違っているのが、皇帝陵の石碑である。

これも実は材料がすべてそろっているとは言い難いが、唐の高宗《こうそう》の顕陵《けんりょう》など公開されている唐の皇帝陵や、明の十三陵《じゅうさんりょう》など、これも公開されている皇帝陵を管見すると、唐の皇帝陵には亀趺碑が建てられていないようだ。これに対し、明の皇帝陵には亀趺碑が建てられている。

明の十三陵、つまり、明の永楽《えいらく》帝が北京《ペキン》に都を定めて以来の皇帝の陵墓は一つの特色がある。実際に当地をおとずれて見た結果にすぎないが、皇帝の墓域として区画された域外の正面に参道がのび、その参道にそって亀趺碑が建てられている。亀趺は尾を墓域に向けて置かれている。これは、永楽帝の二代後の宣徳《せんとく》帝の陵墓から始まる。その前の洪熙《こうき》帝には亀趺碑が置かれていないようである（現地調査してみたが、はっきりしない）。その父の永楽帝の墓前碑は、皇帝の墓域として区画された域内にあり、そこに置かれたのは亀趺碑ならぬ龍趺碑《りゅうふひ》である［写真3～6］。

さきに、亀趺の亀は贔屓と称され、それは龍の子だという伝説があることを述べた。永楽帝が龍であるとすれば、歴代皇帝は子のようなもの、という「形《かたち》」ができあがっている。ただし、この龍趺碑を建てたのは清朝である（一六五九）。「形」を作り、それに征圧の意を加えたのである。

これに先立ち南京に作られた洪武帝の陵墓の前には亀趺碑が置かれている。

パルーダンの調査記録を見る限り、宋の皇帝陵にも亀趺碑はないようである。元は蒙古《もうこ》族の

3　明永楽帝陵龍趺碑（清代）

4　明永楽帝陵龍趺碑（部分）

5　明永楽帝陵龍趺碑（部分）

6　明永楽帝陵龍趺碑（部分）

8

7

明朝第 14 代万暦帝陵（定陵）亀趺碑

9　明朝第６代正統帝陵（裕陵）亀趺碑

10　明朝第６代正統帝陵（裕陵）建築

「潜埋《せんまい》」方式にしたがったので、墓地もわからない。

ということになると、明が唐の制度を復古した後に、本来ない制度として皇帝陵に亀趺碑を建てたということになる。

材料不足の中での想像だが、私は、このことに関わるのが、南朝の梁の亀趺碑の建て方のように思える。

すでに述べたように、南朝の梁の安成康王蕭秀・始興忠武王蕭憺・臨川靖恵王蕭宏の陵墓の前の碑として亀趺は使われた。文帝蕭順碑の陵前にもあるが、文帝は生前は王で「帝」は追号であった。しかし、見ようによっては、皇帝が建てる、という風に考えることもできる。唐の皇帝が建てたか建てなかったかとは別に、唐令の規定は皇帝は建てない、とは言っていない。

南京は、言うまでもなく太祖洪武帝《たいそこうぶ》が都をおいたところである。この洪武帝の孫が帝位についたとき、叛乱《はんらん》を起こして皇帝の位についたのが成祖《せいそ》永楽帝である。永楽帝ののち、『大明令』の規定、つまり五品以上に亀趺を許すという内容を含む令の規定が、落ち着くことになる。このことも念頭においておくことにしよう。

第二章

朝鮮半島の亀趺碑

関野貞が明らかにした事実

朝鮮半島の亀趺碑に関する研究は、朝鮮総督府《そうとくふ》の活動と密接に関わっている。今西龍《いまにしりゅう》『高《こう》麗《らい》諸《しょ》陵《りょう》墓《ぼ》調《ちょう》査《さ》報《ほう》告《こく》書《しょ》』（『大正五年度古跡調査報告書』二九二～五五五頁、朝鮮総督府）や朝鮮総督府編『朝鮮《ちょうせん》古《こ》蹟《せき》図《ず》譜《ふ》』（四〈一九一六・三・三十一〉・五〈一九一七・三・三十一〉・六〈一九一八・三・三十一〉・一〇〈一九三〇・三・二十六〉・一一〈一九三一・三・二十六〉・十二〈一九三二・三・二十六〉・十三〈一九三三・三・二十六〉に亀趺の紹介）の出版は、それを具体的に語るものである。

これより先、韓国が併合される以前に関野貞の研究は始まった。関野貞『韓国建築調査報告』（東京帝国大学工科大学、一九〇四・八）が亀趺碑のことに言及している。この本は、『韓国の建築と芸術』（同書刊行会、一九八八・六）として復刊されている。

朝鮮半島における亀趺碑の研究も、中国の場合と同じく、専論としては展開されなかった。石碑を扱う中で亀趺に言及している。しかし、石碑の中で亀趺碑は身分が高位のものによって建てられたため、注目が集まり、多くの写真資料が残されている。そして、朝鮮半島における亀趺碑の出現や造形の有り様は的確に把握されてきた。

まずは、関野の研究から紹介しておこう。

関野は、上に紹介した『韓国建築調査報告』（『韓国の建築と芸術』）や『朝鮮の建築と芸術』

（東京、岩波書店、一九四一・八・三十。これには『朝鮮美術史』〈朝鮮史学会、一九三一・九・十五〉・「新羅《しらぎ》時代の建築」〈『建築雑誌』三〇二・三〇三・三〇五・三〇七・三〇九所収、一九一一〜十二年〉・「朝鮮東部に於ける古代文化の遺跡」〈『建築雑誌』三一八、一九一三・六〉が収められている）に収められた論文で、亀趺碑に言及した。『朝鮮美術史』には、第五章「新羅統一時代」から第七章「朝鮮時代」まで、「石碑」の項目において亀趺碑のことを述べている。その論点は、以下のようにまとめられる。

一、朝鮮半島最古の亀趺碑は、統一《とういつ》新羅時代の太宗武烈王碑《たいそうぶれつおうひ》である。この碑は螭首《ちしゅ》・亀趺《きふ》とも唐制によっている。そのため亀趺は写実的で雄麗の気象をあらわす。螭首は、六龍《りくりゅう》が表現される。碑身上部の螭首のすぐ下に文字を刻した「額《がく》」がある。

二、同じ時期の亀趺碑としては、劉仁願紀功碑《りゅうじんがんきこうひ》と四天王寺碑《してんのうじひ》がある。前者は紀功碑《きこうひ》つまり顕彰碑であり、後者も寺院を顕彰した碑である。

三、同じころのものとして金陽《きんよう》の碑と伝えられる碑がある。しかし、これは金陽の墓前のものではなく金庾信《きんゆしん》のものであろう（この見解は、戦後金元龍『韓国美術史』〈ソウル、洞文社、一九六八。一九七三増訂。西谷正―和訳、東京、名著出版、一九七六・七・八〉によって修正され、金仁問《きんじんもん》の碑とされた）。

11　新羅末月光寺円朗禅師塔碑Ⅰ
（碑身上部の表現は独特）

12　新羅末月光寺円朗禅師塔碑Ⅱ

四、新羅末期の亀趺碑として、双谿寺《そうけいじ》真鑑禅師《しんかんぜんじ》大空塔碑《だいくうとうひ》と廃聖住寺《はいせいじゅうじ》朗慧和尚《ろうけいわじょう》白月葆光塔碑《はくげつほこうとうひ》が代表的である。いずれも唐の風を脱して朝鮮固有の風格をもつにいたった。亀趺は、唐風の写実を離れて、その頭部は獣に近い。亀の亀甲文も形式化する。碑身は非常に薄い。螭首は低く厚く、篆書《てんしょ》を書く「額」は方形となる。螭首に表現される螭龍も様式が特異なものとなる。[写真11・12]

五、高麗の初期は、石碑一般に新羅末期の様式を継承した[写真13]。朝鮮固有の特色が進み、碑身の上部にある螭首のかわりに仏塔の宝珠のような蓋をのせたり、屋蓋風《おくがいふう》のもの（屋蓋形蓋石）をのせたり、そうした装飾を廃して半円形にしたり、あるいは袴腰形《はかまごしがた》にしたりしている（全吉姫「韓国碑石形式의《の》変遷」〈未見、『韓美』紹介。『緑苑』七、一九六二〉は、十二世紀後半から十四世紀末にかけて、亀趺碑に螭首の形式がなくなってくることと、同時期に方趺・屋蓋形蓋石の碑石が出現してくる点を指摘している）。高麗の中期には次第に簡略化、疎拙化の傾向をおびるようになった。

六、李《り》朝になると、ほぼ高麗時代の形式をすて、唐宋時代の螭首・亀趺の制にならおうとする傾向が生じた[写真14]。その上で、この唐宋風を脱して固有の特色を示したものもある（ソウルのパゴダ公園内大円覚寺碑）。李朝後期になると廃頽の風を帯びる。

13　高麗菩提寺大鏡大師塔碑

14　高達寺天宗大師塔碑

以上の基本線はいまも継承して議論できるが、一部の修正や増補が必要になった。すでに上記において（ ）内に示したものがあるが、他の作業や見解について、以下に簡単にまとめてみよう。

今西龍・葛城末治が明らかにした事実

今西龍は、『高麗諸陵墓調査報告書』（『大正五年度古跡調査報告書』二九二〜五五五頁、朝鮮総督府、同書は『朝鮮考古資料集成』十四として復刻〈創学社、一九八三・五・二十〉）の中で、関野が述べた諸点のうちの第七の点について、以下のように述べた。

八、高麗の陵墓では、その前に碑を建てることはあったが、その碑は陵のための碑、つまり陵碑ではなく、陵をまもる役割の寺院のための碑であった。

九、そのため、高麗王の陵には、一般に遺存する亀趺はないが、例外を挙げておけば、神成《しんせい》王后貞陵碑《おうこうていりょうひ》・景宗王栄陵碑《けいそうおうえいりょうひ》がある。前者は王后陵であり、後者は景陵の東南の谷、約一一八メートルはなれたところに置かれている。東亀陵《とうきりょう》・西亀陵《せいきりょう》という王陵の名前も残されている。これも例外的に亀趺にちなむ名前であろう。

十、新羅末から高麗にかけて作られた亀趺碑は、僧侶の塔碑《とうひ》が多かった。塔碑というのは、

15　李朝李浣神道碑（驪州）

僧侶の舎利《しゃり》を蔵した塔（舎利塔）のかたわらに建てた碑である。士大夫の墓の参道（神道）に作られる神道碑の例はほとんどなく、高麗末の二、三を残して遺存しない。

十一、李朝では、当初は王陵の神道碑をして亀趺碑を建てた。しかし、文宗以後の陵墓では、神道碑を建てなくなった。君主の事績は国史に記されるから、士大夫のように神道碑を建てなくてよい、という理由らしい（士大夫の例は［写真15］）。

葛城末治《かつらぎすえじ》は、『朝鮮金石攷《ちょうせんきんせきこう》』（京城〈ソウル〉、大阪屋号書店、一九三五・八・三十）の中で、石碑を分類した。「紀績碑《きせきひ》」（事績を顕彰する）・「巡狩碑《じゅんしゅひ》」（巡狩を記念して建てる）・「神道碑《しんどうひ》」（墓地の参道に建てる）・「寺刹碑《じさつひ》」（寺院のために建てる）・「塔碑《とうひ》」（僧侶の舎利塔のかたわらに建てる）・「石鐘碑《せきしょうひ》」（一種の塔のために建てる）・「碣《けつ》」（柱状で門碣にはじまる）・「墓表《ぼひょう》」（墓の説明。誰それの墓という簡単なものもある）などである。

亀趺碑は顕彰碑である。数が多いのは、神道碑と塔碑であるので、これを分けて論じ、他はその他の顕彰碑として一括して論じればよい。

私は、韓国の友人（延世《ヨンセ》大学金祐哲《キムユウチョル》教授）に案内していただいて驪州《ヨジュ》をおとずれたことがある。そこには、高麗時代の巨大な供養塔が二基あり、いずれも高僧のために建てられた塔、いわゆる浮屠であった。いずれも基礎に当たる部分に亀が表現されていた。

高台に逸名高僧の浮屠［写真16］があり、そこから下ってきた場所に、高僧元宗大師《げんそうだいし》（八六九〜九五八年）の浮屠［写真17］がある。後者の浮屠は、前者の浮屠の方角を向いているようだった。ただ、現地の研究者（李敏植氏）によると、このように横を向いている亀は、李朝の亀趺碑にも見られるものの、向く方角には、定制がないようである。時代差、地域差をも考慮しながら、検討してみるといいのかもしれない。

さて、葛城の報告でとても注目されるものがある。それは、李朝では二品以上の者が亀趺碑の建碑を許される制度があった、という指摘である。

私は、この制度について、調べを進めてみたが、その規定を発見することはできなかった。一九八九年四月に鳥取大学から九州大学文学部に移ったのちも、文学部内の朝鮮史の研究室をたびたびおじゃまし、蔵書をひっくりかえして調べさせていただいたが、私の力ではいきあたらなかった。

次第にわかってきたことは、李朝は、明の洪武帝時期の規定、つまり三品以上に亀趺を許す、という規定を、自国に置き換えて、朝鮮王を明朝皇帝の下の一品に相当するとみなし、自国の一品を明朝の二品、自国の二品を明朝の三品に相当するとみなして、運用した、ということである。運用の上でそうした、ということで、規定は明の制度令であったようだ。

16　高麗高達寺逸名高僧浮屠

17　高麗高達寺天宗大師浮屠（975 年）

東アジア冊封体制――天下の成立からはじめて

いま、朝鮮の品階は、中国より一等低くする、ということを紹介したわけだが、これは、東アジアに冊封体制と称する政治関係があったことによる。

この東アジア冊封体制のことは、言葉としてはよく知られているのだが、その内実については、必ずしも理解されていないようなので、簡単にまとめておくことにしよう。

冊封体制という言葉を使った最初の研究者は、我が恩師西嶋定生である。同じ言葉で説明される国際関係について、人ごとに言うところが違うのだが、恩師の説を下敷きにしつつ、私見にそって要点をまとめてみよう。

東アジア冊封体制を理解する第一の鍵は、天下の成立である。

天下とは中国で最初にできあがった広域的な漢字圏のことである。この広域的な漢字圏が成立したのはいつか、漢字はどんな場で使われていたかが問題になる。

漢字のあるなしにかかわらず、戦国時代までの歴史は、①農業がはじまり、農村が普遍的に存在するようになった時代（新石器時代）、②城郭都市が出現し、大きな都市が中小の都市や農村をまとめあげるようになった時代（都市国家の時代。都市国家の直接統治する範囲は半径二〇～三〇キロ程度）、③都市国家（小国）をさらにまとめあげる都市国家（大国）が存在するにいたった時代(大国の時代。大国が支配を及ぼす領域は韓国や日本などの国家領域の規模)、

④大国が支配を及ぼしていた地域内で、大国が中央となり、小国が滅ぼされて県となって、官僚によって地方が統治された時代（領域国家の時代。領域国家の領域は、韓国や日本などの国家領域の規模）という時代時代のプロセスを経て発展してきた。

③の大国の時代から④の領域国家の時代へと変化する上で、原動力となったのは、鉄器である。鉄器の普及により、道具環境は一変し、それまで貴重な青銅器をさけて石器が使われていたさまざまな場で、鉄器が使われるようになった。その結果、農地は面的に拡がりを見せ、都市や農村は急激に増加したのである。人の移動も活発になり、社会は根底から揺さぶられた。

漢字は、③の大国の時代に殷という都市で使われた。殷という都市内で祭祀《さいし》に使われており、その外に出ることはなかったようである。最近山東《さんとう》でも殷代甲骨文《こうこつぶん》と同時期の甲骨文が発見されているが、数は限られている。当地で根付いたことを証明するのは容易ではなさそうだ。遠征につきあった殷の祭祀官が連れ去られて作った可能性すらある。それに、漢字には発音があるが、この発音が地方的差異をもって現在にいたる。その復元の大要からすると、漢字が面的にひろがった時期は、始皇帝の統一をさかのぼることさほどではない時期のようである。

仮に殷代に漢字が広域的場で使用されたとすると、後になればなるほど漢字語はもちろん漢字の発音にも地方差が生じる。その差異を千年ほど後の戦国時代に想定するのはかなり難しそうだ。

さて、漢字使用の場という点からすると、殷を滅ぼした周《しゅう》でも同様であった。祭祀の場で作られた青銅器を各都市国家、つまり諸侯《しょこう》に分与している。周で独占的に作られたため、祖先神の霊力が問題になるのは周王朝だけである。

ところが、西周《せいしゅう》の末に混乱がおこり、周は東西に分裂した。東の周が西の周を滅ぼしたが、そこに外族が侵入する。秦もその一つであり、かつての周の故地を席巻した。この混乱の中で、青銅器に銘文を鋳込む特別の技術をもつ工人が各地に避難し、特別の技術は各地に流出した。流出した技術は、その技術を持つ都市が、さらにその外に存在した大国に滅ぼされて、その大国に流出した。かくして、黄河流域、長江中下流域にまたがる広域的な漢字圏ができあがった。広域的漢字圏は、春秋《しゅんじゅう》時代にできあがった。

天下の出現

広域的な漢字圏が出現しても、漢字がない時代以来の状況が変わったわけではない。

③の時代と④の時代が同じ規模の領域を問題にしている。韓国や日本なみの領域である。こうした規模の領域は、①の時代まで遡ると、何々文化、何々類型といった文化地域になる。問題の領域は、何千年もの伝統を背負っている。これは、地勢に規制されてできあがった領域である。

広域的な漢字圏が出現したのち、かつての西周の故地を支配する秦、かつての副都洛邑《ふくとらくゆう》（洛《らく》陽《よう》）を首都とする周、山東によって威令を及ぼす斉《せい》、山西《さんせい》によって威令を及ぼす晋《しん》、長江《ちょうこう》中流域によって威令をおよぼす楚《そ》、淮水《わいすい》流域によって威令をおよぼす徐、長江下流域によって威令をおよぼす呉《ご》、さらにその南から進出してくる越《えつ》などが、大国として周囲を睥睨《へいげい》した。

漢字を用いる場は、大国を含めた都市国家の祭祀のそれであった。この場を基礎として、盟誓が挙行される。盟誓の場で作られた盟書が各国の祭祀の場にもちかえられ、そこで内容が確認される。

盟誓を主宰したのは、上記の大国であった。

漢字は殷から周に継承され、そこから他に広く伝わった。その関係で、最初に漢字を手にしたのは周の諸侯であり、のちに他の大国が参入してくる。

漢字はこういう使われ方をしていたから、漢字圏を特別に扱おうという気運ももりあがらなかったようである。いわゆる「天下」を、この広域的な漢字圏に使う用例は、春秋時代にはないようである（西周時代に「天下」という言葉があったという意見もあるのだが、仮にそうであったとしても、その「天下」の意味する範囲は、ごくごく限られている。いわゆる「天下」、つまり伝統的に議論してきた「天下」の範囲にはならない）。

ところが、④の時代になると、漢字は中央と地方を結ぶための道具となる。文書行政が始まる。この文書を通しての情報戦も始まる。こうなると、漢字が使える範囲というのが特別だという観念も生まれる。かくして、漢字圏としての新しい意味を付与された「天下」が、戦国時代に出現する。

天下は特別である。しかし、より特別なのは、領域国家それぞれの領域である。戦国時代には、秦《しん》・楚《そ》・斉《せい》・燕《えん》・韓《かん》・魏《ぎ》・趙《ちょう》・中山《ちゅうざん》・越《えつ》・宋《そう》が周と並んで王と称するようになった。それぞれの国家が、みずからの領域を特別に規定する。特別に規定される領域は、新石器時代以来の文化地域が念頭に置かれている。ある国家は、周以来の言い方を使って、みずからの特別領域を「中国《ちゅうごく》」と称した。ある国家は、それを「夏《か》」（華）と称した。そして、国家ごとに、みずからの特別領域の外について、時代を遡れば野蛮人の住んだところだというレッテルをはっていったのである。

レッテル貼りは国家ごとに特色があったから、斉のように中原を「諸夏《しょか》」として一等低く論じた上で、天下の残りの地域をすべて「夷狄《いてき》」だとレッテル貼りした場合もあれば、韓のように天下から自らの特別領域を除いた地域に「西戎《せいじゅう》・蛮夷《ばんい》・東夷《とうい》・狄《てき》」というレッテル貼りをした場合もあり、中山のように天下から自らの特別地域を除いたすべてに「狄」だとのレッテル貼りをした場合もある。

儒教経典が述べる天下と中国と夏

儒教の基になる議論は、戦国時代に始まった。おおまかに言えば、孔子の弟子たちが各国で活躍するようになって、議論が深まっていく、ということなのだが、上記のような事情で、国家ごとに議論は違ってくるのである。

斉のように、孔子を尊敬する形をつくって利用した場合もある。韓のように、孔子を嗤《わら》う形を作って議論を進めた場合もある（こう言われると、意外だと思われる読者も多かろう）。斉では孔子は斉のために議論をしたと強調したのだが、それが気にいらないということで、韓では、孔子は魯のために議論をしたのであって、斉のためにしたのではない、という主張を折り交ぜた。そんな各国の思惑の違いが顕在化した。

その各国の違いを強引にまとめて一つにし、説明してしまったのが統一帝国漢の時代である。統一帝国は秦の始皇帝が作り出したもので、これは④の時代につぐ、いわば⑤の時代になる。漢は、秦を経由して周の正統を継ぐ姿勢を示した。だから、さまざまに作られていたテキストを整理して、自分たちが正統とあおぐ周を中心とする論理で説明や注釈をつけ加えていった。周を中心とする特別領域と周囲の野蛮な世界という論理だけが、そこでは強調された。

ところが、すでに述べたように、儒教の経典は、戦国時代に基礎ができ、漢代にいたったものである。戦国時代に各国家ごとの論理でまとめられた書物もあれば、戦国時代の材料を漢代にまとめなおしたものもある。戦国時代にできた書物や材料は、戦国時代の国家ごとの論理が示されている。そこには周が中心だったというのとは異なる説明があるだけでなく、戦国時代の各国家領域が特別で、天下の下の他の国家領域は、「さかのぼれば野蛮な地域だ」という認識が示されていた。

儒教の経典を読めば、たしかにそう書いてある（後漢以後の注釈ではない）。特別地域も書物ごとに違っている。

統一国家になって、この状況が違ってしまって、秦では、統一の結果として「特別地域」（国家領域）は天下に拡大された。だから、天下はすべて「特別地域」ということになり、儒教経典の説明が使えなくなった。「さかのぼれば野蛮な地域」が消滅し、教典の説明とは違う現実ができあがったからである。

しかし、天下の外には、あいかわらず野蛮な地域が残されている。漢字圏の外である。これに対処する方法は、戦国時代の書物には示されていなかった。

天下の皇帝と周辺国との関係を、儒教の経典で説明することはできなかった。

こうした状況を打破すべく生み出された知恵の結晶が、緯書《いしょ》と呼ばれる書物群である。儒教の新たな経典として、それまでにない論理を説明するための書物群である。緯書の緯は、経緯の緯（経は縦糸、緯は横糸）であり、経典《けいてん》があれば緯書もあるはずだという論理がそこにある。

皇帝号と天子号

すでにのべたように、④の戦国時代と⑤の漢代との大きな違いは、特別領域の規模にある。

秦はつぎつぎに周囲を征服して、特別領域を拡大し、ついには天下を統一した。この時点で、特別領域と天下は同じになった。つまり、天下の中にあって、特別領域の外にあたる地域が消滅したということである。

天下の中に特別領域がある、というのが戦国時代の論理の根底にあるから、その戦国時代の説明を使っては、どう逆立ちしても漢代の天下と特別領域の関係は説明できない。

そこで、漢代の学者がくだした結論は、この天下と特別領域の関係をぼやかせる、ということである。経典には、小さな特別領域があり、その外に野蛮人の世界がある。そして、漢代になると、大きな特別領域があり、その外に野蛮人の世界がある。小さな領域を治めたのは「王」であり、大きな特別領域を治めているのは「皇帝」である。いずれも中国を治めている。王の中国は小さく、皇帝の中国は大きいが、これもはっきりとは言わないことにした。

そもそも戦国時代にあった論理からすると、王とは天子である。王は特別領域を治める。天子は天の子だから天下に臨む。天下の中には野蛮人の跋扈《ばっこ》した地域がある。そこに臨むのは天子である。しかし、儒教の経典は、読めばそういうことがわかるという程度の記述しかなく、明言していない。だから、緯書は、そのぼやけているところを明言することになる。

皇帝号は国内のことに用いる。天子号は外国との交渉ごとに用いる。

こうして緯書を使っての説明が常識化してしまうと、その常識で儒教の経典を読むようになる。経典の記事は、そう読もうと思えば読める部分が多い。だから、そうした常識が定着した後は、緯書はなくてもよい、という状況ができあがった。

緯書は、皇帝号と天子号のことだけでなく、五徳終始説《ごとくしゅうしせつ》を使って、漢王朝の正統を証明するという大きな目的があった。この論理は、以後の王朝には目障りであったから、緯書は弾圧された。緯書が衰えた後、儒教の経典の読み方はもとにもどることなく継承されていった。

ということだから、すでに述べた説明のうち、天下の中に野蛮人の跋扈した地域があるというくだりは、読者諸氏も驚きをもって読まれたであろう。しかし、経典本文を読めば、確かに私が言ったように書いてあるのである。漢以後の経典利用の変化が、読者の読み方をも規制し、誤解させていたわけである。

東アジア冊封体制の成立

以上に述べた儒教経典の解釈の変化によって、中国皇帝は、儒教の経典を使って自らの統治領域と外国との関係を語ることができるようになった。みずからの統治領域は特別で中国と称する。これは、前五世紀以後の戦国時代にさまざまな言い方があり、夏や華夏などの言い方もあったから、それらを折衷して「中華」という言い方もできた。

ただ、経典の注釈などには、この言葉は顔をのぞかせる。これは注釈をつけた学者の時代に、「中華」という言葉が常識的に使われていたことによる。この注釈が、後代の人々を誤解に導いている。

わが恩師西嶋定生が、はじめて東アジア冊封体制という言葉を使ったと述べたが、西嶋は、東アジア冊封体制を単なる皇帝と外国との関係だと考えたのではなかった。その体制を支える理念として、儒教をもちだした。漢字文化を支える象徴として、儒教経典を位置づけようとした結果である。

そのため、儒教経典をつかって皇帝と天子の使い分けが説明ができるのがいつか、そしてそれまでの歴史的展開はどう理解できるかを追った。皇帝は「中国」を支配し、「天子」としてその周辺に威令を及ぼす。そして、皇帝と天子の使い分けが説明できるようになった時期をもって東アジア冊封体制の始まりを論じた。

その始まりの時期とは、王莽《おうもう》の時だったわけである。

ところで、この儒教理念であるが、理解するには漢字漢文の知識が必要である。漢字が多少書けるという程度では、理解するにはほど遠い。だから、理解できたのは皇帝の国家の官僚たちだけである。その周辺国では、漢字が根付いていないから、儒教の理念など理解されようがない。理解しないまま、中国との外交関係を構築する。外交文書を書いたごく一部の人間は理解できたわけだが、その人間が周辺国の人間かどうかはわからない。

福岡県志賀島《しかのしま》から出土した「漢委奴国王《かんいどこくおう》」の金印は、「委奴国《いとこく》」または「倭の奴国《わなこく》」に「国王」がいたことを記している。おらが国さ、という言い方があるが、どこでも自分のところは一番だと思っている。異界を念頭において外の方がいいという場合もあったろうし、冷静な監察眼がある人や、へそまがりはいただろうが、自分のところが一番だという考えは、普遍的に存在する。金印をもってきた人間が、「これは異国からもたらされたものです。奴国《な》（委奴国《いと》）の君をもっともえらいと認めて関係をもちたいと申しております」とでも説明されたら、何の躊躇もなくもらってしまうに違いない。

委奴国もしくは奴国において、漢字が根付いたことを示す証拠（後世の文献ではなく、考古遺物）は何も得られていない。

邪馬台国《やまたいこく》と中国皇帝、大和《やまと》朝廷と中国皇帝との関係も同じようなものである。日本では、文書行政がまだ始まっていない。だから、文書のやりとりは国の中枢にいた少数の者と中国との関係でしかない。このことのもつ意味は、日本側では理解されない。

東アジア冊封体制と律令

ところが、日本でも漢字が次第に根付き始めた。すると、それまでわかっていなかった論理がみえてくる。中央と地方をむすぶ文書行政の意味がわかった後である。その後は、中国皇帝が上、みずからが下という関係がはっきりと理解されるのである。

こういう状況になると、まず律令《りつりょう》を導入しようとする。朝鮮半島の新羅《しらぎ》など各国では、この動きが活発化した。日本でもその動きが始まった。それがやがて大化《たいか》の改新《かいしん》という言葉に代表される動きに発展する。律令を導入して、いかなる権威を頂点におくかが熱心に議論された。

日本が自前の律令をもつにいたるのは、大宝《たいほう》律令が最初である。この律令の下で、日本を「中国」と称した。『続日本紀《しょくにほんぎ》』に具体的用例がある。新羅は藩国《はんこく》、唐は隣国《りんごく》と称される。ここに言う「中国《ちゅうごく》」とは日本のことであり、唐という皇帝の国家のことではない。

新羅において律令が導入された後、それほど長い間をおかずに作られたのが、新羅の武烈王《ぶれつおう》陵碑であった。すでに自前の律令をもっているから、冊封《さくほう》体制の意味するところが的確にわかった上での建碑である。

王陵碑を建てる行為は、一見中国皇帝に臣事することを示すがごとくである。しかし、自分の臣下には一切つくらせない。みずからの官僚が唐皇帝の陪臣にすぎないことを証明するようなことはしない。そして、代々の王がいつも亀趺碑を建てたのではない。中国側の規定からすると「建ててもいいよ」ということだから、建てなくても波風は立たない。逆に、新羅の側からすれば、「唐の規定からして、皇帝も建てていいのだが、建てていないな」などと説明しつつ、南朝《なんちょう》梁《りょう》の文帝《ぶんてい》の墓前碑でも話題にし、「一つ今度は作ってみるか」と亀趺碑を建てる。そんな自分勝手さが可能になる。

このように、新羅を中心とする視点から亀趺碑に関する想定ができるのは、すでに言及したように、自前の律令を、新羅が議論していたということがあるからである。日本では自前の律令の下、自国を「中国」と称していた。新羅にも同様のやり方があったはずである。それがどのようなやり方であったかは、史料が現存しないからわからないままであるけれども、あったはずである。そのやり方で、みずからの統治する領域こそが、最も特別な地域であることを説明する。だから、亀趺碑の建てかたについて、上記のような想定をしておくほうがいい、ということになるわけである。

天下の下に、「特別な領域」と「さかのぼれば野蛮な地域」がある、という戦国時代の状況は、東アジア的規模で文書行政が始まると、規模を拡大した形で復活した。鍵をにぎるのが「律令」である。

徳治の証

すでに述べたように、みずからの領域を特別に位置づけ、周囲を劣った地域だとする考えは、どこにでもある。

村のレベルで、みずからを特別に位置づける場合もある。村や中小の都市を統括する大都市、つまり都市国家に相当するレベルで、みずからを特別に位置づける場合もある。そして、都市国家（小国）を統括する大国のレベル、さらには大国が中央となり小国が地方となった領域国家のレベルで、みずからを特別に位置づける場合もある。

中国では、この領域国家を統合した天下という大領域が春秋時代に漢字圏となり、この天下を特別に位置づけつつ、かつての領域国家のレベルをさらに特別に位置づける考えが、戦国時代に出現したわけである。

戦国時代に始まったこの種の議論で、特徴的だったのは、徳治《とくち》という考えだった。これが以後二千年以上にわたって漢族がみずからを誇るための議論として定着するのである。

みずからの特別領域を治めるのは徳があることが確認された天子であり、周囲の野蛮人は、その徳に感化され、徳を慕ってやってくる。これが徳治の基本的考えである。徳治の具体的証が、帝王の制度である。

戦国時代には、秦《しん》・楚《そ》・斉《せい》・燕《えん》・韓《かん》・魏《ぎ》・趙《ちょう》などが「王」にして「天子」だと名のり、それぞれの下で定められた制度こそが唯一の正統なるものであることを競った。内実は大同小異なのだが、少しばかりのへりくつをこねて、他とは違うことを強調した。それぞれの国家では、唯一を自認する「王」すなわち「天子」がいて、徳治をほどこしていた。

その徳治の考え方も、律令の施行によって、東アジア各国に広まった。

そうは言っても、当時の第一の強国は唐《とう》だ、とおっしゃる向きも多いに違いない。確かにそうに違いないと思う。ただ、何をもって「第一の強国」と説明するかには、慎重さが要る。それは軍事だろうか。経済だろうか。文化だろうか。

それぞれに説明する内容が異なろう。さかのぼれば、漢《かん》と匈奴《きょうど》の関係もある。漢は匈奴に対して弟として対したという事実も知られている。

ここに問題にした「徳治」は、漢字文化を問題にする。そして、「徳がある」ことを自認し、「他はその徳を慕ってやってくる」と勝手に考えることを前提にする。「他」が本当に「徳を慕って」来たかどうかは、問題の外にある。

この自己中心的な論理が、戦国時代にあったことを述べたわけであり、同じ自己中心的論理が、東アジア的規模で復活したことを述べてみたわけである。

以下に、少し、補足説明を続けておこう。

宇宙を説明する制度

帝王の制度は、重厚な厚みをほこる。その基礎をなすのは、宇宙観である。宇宙を九・六・八という三つの聖なる数値で説明した。例えば、月の満ち欠けは約二十九・五三日だが、三十日を大月とし、二十九日を小月として、大月と小月を交互に配置して対処した場合、大・小・大・小・大・小・大・小・大・小・大・小・大・小・大・小・大の十七ヶ月と大・小・大・小・大・小・大・小・大・小・大・小・大・小・大の十五ヶ月を、十七・十五・十七・十五・十七とまとめると、八十一ヶ月になることに気づいた。この八十一ヶ月をひとまとまりとして、十一個のまとまりをつくり、十七・十五・十七の四十七ヶ月を十二個めとして、月数を合計すると九四〇ヶ月になる。これが、一年を三六五・二五日（冬至から冬至、立春から立春など）とした場合の七十六年ちょうどになることもつきとめた。

七十六年で九四〇ヶ月だから、一年は約十二・三七ヶ月である。二年では二十四・七四ヶ月となり、三年では三十七・一一ヶ月になる。一年を十二ヶ月とすると三年で三十六ヶ月だから、自動的に一ヶ月余計な月ができあがっている。冬至から冬至、立春から立春という意味での一年は三六五・二五日だと計算されたが、実際に暦として示される一年はあいかわらず月の満ち欠けで判断されたから、一年は十二ヶ月の年と十三ヶ月の年ができた。十三ヶ月になった年の一ヶ月分は、上記のように余計な月だということで、閏月《うるうづき》と呼ばれた。

一年が十三ヶ月になってしまった年に、十三ヶ月のうちのどの月を閏月とみなすかで、国ごとの対応が違った。ただし、どう違っていようと、年末におくと説明する点では同じだった。国ごとにどこが違っていたかということだが、まずは、どの月を年初一月にするかが違っていた。

戦国時代にこの種の考えが興ったとき、冬至月（冬至が含まれる月）を一月にする場合、冬至月の翌月を一月にする場合、冬至月の翌々月を一月にする場合、冬至月の前月を一月にする場合の四つのやり方が議論された。その中で多くの国が採用したのは冬至月翌々月を一月とする方法だった。こうすると春の始まりをもって一月を定めることになる。

ただ、「冬至月翌々月を一月にする」という説明は、一年が十二ヶ月の場合のものであって、一年が十三ヶ月になってしまう場合には、この説明に、もう一工夫が必要になる。この場合に、冬至月を十一月に固定するやり方と、冬至月翌々月を一月に固定するやり方ができた。月を並べていただければわかるが、年末に閏月をおくということだから、冬至月を十一月に固定した場合、閏月は翌月十二月の次の月ということになる。

一方、冬至月翌々月を一月に固定した場合、年末閏月がおかれた年まわりでは、その閏月は一月の前、つまり冬至月翌月のことであり、その前にある冬至月は十二月になる。年末閏月がない場合、一月の前は十二月で、その前の月、つまり冬至月は十一月になる。だから、同じ冬至月が十一月になったり十二月になったりする。

以上からわかるように、閏月がからむ年まわりには、冬至月を十一月に固定する場合と、冬至月翌々月を一月に固定する場合では、同じ月がずれて表現されるわけである。

こうした違いが問題にされた。

この種の違いは、七十六年九四〇ヶ月を一つのサイクルとする、そのサイクルの起点をいつにするかでも問題にされた。

七十六年九四〇ヶ月を一つのサイクルとするということ自体は共通であった。しかし、その七十六年一サイクルをいつから始めるかで、三つの場合ができた。第一は、前三五一年前年末の冬至（丁亥の日）を朔《さく》として起点とするものであり、第二は前三六六立春（甲寅《こういん》の日）を朔として起点とするものであり、第三は前三五一年前年末冬至（丁亥《ていがい》の日）を晦日《みそか》として翌日朔（戊子《ぼし》）を朔として起点とするものであった。

この三つの起点と二つの閏月の置き方を合わせると、合計六種の暦ができる。それぞれに、他とは違う独自の暦だと主張できた。

同じような主張は、冬至月の翌月を一月にする場合、冬至月の翌々月を一月にする場合、冬至月の前月を一月にする場合においてもできる。秦のように、月は「冬至月の翌々月を一月にする」（一年十二ヶ月の場合）と同じことにし、十月を年初にするものもあった。現在でも年度は四月が始めである。これと同じようなやり方である。十月が年初だから、閏月をおく場合、それは年末である九月のあとに置かれる。「後九月《ごくがつ》」と表現していた。

こうした微細な差異をことさら作り出し、自らの制度こそが唯一の正しい制度であることを主張した。

宇宙のことをすべて九・六・八の三つの聖なる数値で説明してしまう。以上に述べてきたのは、ほんの一例にすぎない。こうした説明によって示される制度は宇宙の法則を体現するのであり、その法則を体現した唯一の制度を、それぞれの国家の王だけが用いている、というわけである。暦の説明など、具体的制度は時とともに変わっていくので、説明の力点も置き方が違ってくる。

自前の律令

宇宙のことをすべて九・六・八の三つの聖なる数値で説明してしまう、と述べたが、これらの数値は、音楽理論によって導かれる。洋の東西をとわず考案された方法で、三分損益法《さんぶんそんえきほう》という。笛の長さが音の高さを決めることに注目し、ある長さの笛が出す音を基準とし、その半分の長さの笛が出す音が、一オクターブ高いことを基礎に、ある長さとその半分の長さの中に十二の長さの笛、つまり十二の音を作り出す。

十二の長さの作り方は、基準の長さから、その三分の二の長さをつくり、さらにその三分の四の長さをつくり、さらにその三分の二の長さをつくり、という具合に、三分の二、三分の四を交互に乗じていく。作り出される長さは、隣合う関係がややいびつになるのだが、古代人には、問題ではなかった。

そうした音の作り方は、原始的なものは新石器時代にできあがっていたようである。中国では、殷や周の時代に青銅の楽器をつくり、それが機縁となって、絶対的な音の基準ができあがった。戦国時代には九寸を長さの基準とし、それに基づいてつくられる十二の音を十二律《じゅうにりつ》と称した。律とは宇宙の法則を体現して示される基準である。

この律という言葉が、当時の領域国家の中央と地方を結ぶ文書行政の基準にも使われる。法体系である。律令である。領域国家の中央とは、かつての大国であり、かつての都市国家である。地方とは、県のことであり、かつての小国であり、これもかつての都市国家である。領域国家の領土は、かつての大国が睥睨《へいげい》した領域であり、さらにさかのぼれば新石器時代の文化領域になる。何千年もの間、地勢に裏付けられて伝統的にまとまりをもってきた地域である。

その特別の地域、つまり戦国時代の国家領域に、自前の律令が施行される。それは、王が官僚を使い、徳をもって治める領域である。だから特別である。しかも中央と地方という行政機構の中に、かつての都市国家の意志が反映される。

特別領域の外は、他の国家領域が広がる。しかし、それらは一様に広がる世界だとは見なされない。相手にされる領域とされない領域がある。相手にされる領域は、かつては野蛮人が跋《ばっ》扈《こ》してきたとさげすまれるが、実際はそれぞれが律令を施行する地域である。それぞれの中央と地方が文書行政を行う地域である。そうした地域を自分たちの国家領域といっしょにして「天下《てんか》」と呼んだ。

天下とは中央と地方において文書行政が行われる領域であり、漢字圏である。特別地域は、王の徳の証としての制度、つまり暦など唯一を自任する制度、そして自前の律令が施行されるところである。天下に君臨するのは天子であり、特別領域に君臨するのは王である。天下の民は、王の徳を慕ってやってくる。これが徳治である。

だから、徳治を理解する複数の領域国家が、天下でしのぎをけずっていたということである。それが戦国時代であった。

征服されれば、それまでとは異なる征服者の暦をおしつけられる。そして、当然のこととして、地方のひとつとして、征服者の律令が施行される。

秦の始皇帝が天下を統一した後、特別地域が天下に等しくなったと述べたが、天下には秦という国の律令がいきわたり、秦が使ってきた暦が使われた。それを漢が引き継いだ。

戦国時代にできあがった徳治の基礎がかわってしまった。天下の中を特別地域とその他にわけることができなくなった。そこで、かつての天下という言葉をぼやかせて、特別地域とその外を説明する体系を作り上げ、かつての経典を注釈によって再説明する。ここに、儒教理念をつかって、特別地域とその外の関係を説明することに成功し、儒教理念を紐帯とする東アジア世界ができあがった。

ただくりかえすようだが、問題だったのは、この理念が理解できるのは、律令が施行されるいわゆる中国だけだったということである。周辺地域では、自分が一番だという自然のなりゆきでできあがる意識をもっていても、それを漢字で表現するすべを知らず、また、中国皇帝の側の世界認識がどのようなものかも理解できなかったのである。

領域国家の末裔

すでに述べたように、中国における律令は戦国時代に始まった。この時期、いくつかの国家が併存し、それぞれの領域を特別領域と規定した。その領域は新石器時代以来、何千年もの伝統を引き継ぐものであった。

だから、この規模の領域は、秦による天下統一の後も、形を変えて表《おもて》に出てくる。

秦の始皇帝は、天下を統一し三十六郡を置いた。それまでは、七雄《しちゆう》が争っていたわけだから、それらの国家領域をいくつかに分割して郡を置いたことを意味する。だが、この郡を中央一つでたばねて統治したのかというと、それは違っている。

広い天下を統治するための知恵の一つということになろうが、統治機構を多重構造にする。そして、あるところに権力が集中して叛乱《はんらん》を起こすことのないよう工夫する。中央が直接郡をたばねるだけでなく、いくつかの郡をたばねて州とし、この州の長官には監察権を与えて郡以下を監督させたのである。州は往時の領域国家の国家領域を念頭において設定されている。漢では天下に十二の州が置かれた。

地方で権力を振いたい人間からすると、この州の権限と郡の権限は両方とも手にしたくなる。両方もっていると、州にも実質統治の権限があるかの状況が生まれる。そこで、中央は州を分割して与えるようになる。こうすると、州はかつての郡と同じものになっていく。こうなると、今度は、長官の権限が強くなった州をまとめる別の名前の機関が置かれる。それは監察機関であるとは限らない。いくつかの州の軍事を掌握する都督諸州諸軍事もその一つである。

こういうことをくりかえして歴史は展開してきた。そのつど、かつての領域国家の規模の領域が、息をふきかえすのである。

この規模の領域を東アジア冊封体制の中で考えようという研究がある。

例えば、倭《わ》の五王《ごおう》の一人倭王珍《ちん》は南朝《なんちょう》の宋《そう》に対し「使時節《しじせつ》、都督《ととく》倭《わ》百済《くだら》新羅《しらぎ》任那《みまな》秦韓《しんかん》慕韓《ぼかん》六国諸軍事《りっこくしょぐんじ》、安東将軍《あんとうしょうぐん》、倭国王《わこくおう》」を自称し、倭王済《せい》は「使時節《しじせつ》、都督《ととく》倭《わ》新羅《しらぎ》任那《みまな》加羅《から》秦韓《しんかん》慕《ぼ》韓六国諸軍事《かんりっこくしょぐんじ》、安東将軍《あんとうしょうぐん》」に徐せられている。問題なのは、都督諸州諸軍事という官名が中国皇帝の側にあることである。この州は分割されて小さくなった州である。ここで、かつての領域国家を意識したような領域をまとめる軍事権が問題になり、その論理を使って、倭の王が中国皇帝に対し、自己主張を繰り広げている。

中国皇帝側としては、都督諸州諸軍事と同じ領域設定を天下の外におこなって、周辺国家をみずからの下に秩序づけようとし、周辺国家の方は、その論理を知って、自己の軍事的主張を皇帝にみとめさせようとする。

周辺国家の側の自己主張が中国皇帝側に取り入れられているという点で、後漢《ごかん》の光武帝《こうぶてい》の時の「委奴《いと》」国の場合とは異なる。

しかし、この段階ではあいかわらず、周辺国家の側に、中国皇帝側が用意したようなみずからを一尊とする論理、つまり徳治を基礎とする論理は用意されていないのである。

複数の中華とさまざまな夷狄観

徳治は、漢字圏を天下としてその中に特別領域を設定し、そこで行われるものとして始まった。そして、天下がすべて特別地域となった後は、天下と特別地域の関係をぼやかせて、拡大されて天下に等しくなった特別地域において行われるものと説明しなおされた。

戦国時代において徳治を特徴づけるのが帝王の制度であり、それは唯一独自のものであることが要請された。実際は微々たる違いを問題にしたにすぎないけれども、独自であることが説明できるよう工夫がなされた。

帝王の制度を具体的に述べたとき、暦が話題になり、そして自前の律令が問題になった。これらは戦国時代以来、天下の正統をほこる国家がいずれも保持していたものである。逆に、これらがない時代まで遡ると、徳治の概念も存在しない。

説明をさけてきたのだが、実は、春秋時代までの「徳」は呪力を意味する字であった。それが戦国時代に現在の意味に変化した。都市国家中の大国たる殷や周から周辺の都市にその呪力を及ぼす、その呪力が「徳」であった。戦国時代に各国の「王」が「徳」がある、と言い出すに及んで、あちこちに「有徳者」があることになり、王を支える賢人たちにもその「有徳」が要請されるにいたった。戦国時代になって新たにできあがったこの意味での「徳」を慕って周囲の野蛮人どもがやってくる、ということになった。

新しい意味の「徳」があることを具体的に示した諸制度のうち、とりわけ重視されたのが暦と、中央と地方を結ぶ文書行政を進める規範としての律令であった。すでに七世紀になると周辺国でも持たねばならぬという意識が強まってきたことを述べたわけだが、その時期に、周辺国では暦を使いだすのである。

日本では、七世紀からの準備段階を経て、八世紀に入るとすぐに自前の律令を持つことになる。そのときにはすでに、新羅などでも自前の律令ができあがっていた。

律令が始まるということは、それぞれの中央と地方を結ぶ文書行政がはじまったということである。そして、暦が記録を規制するようになったということである。

それぞれが自前の律令で、特別地域を設定するための基礎を規定した。中国と朝鮮と日本がそれぞれ自前の律令をもち、その下で自己の支配する領域を特別地域だと称した。

誤解をさけるために、贅言《ぜいげん》しておこう。私は、ここで文化程度が同じになったと言っているわけではない。日本や朝鮮は自前の律令による統治が始まったばかりであり、中国は、律令による統治が始まった戦国時代の前四世紀以来、千年以上の時をすごしている。歴史的経験がまったく異なる。しかし、日本や新羅でも、「自分が偉い」というだけの主張ではなく、徳治を問題にして自己主張するようになったことは確かである。

徳治では、自己の領域を特別に扱い、周囲を野蛮とみなして自己の徳をしたってやってくる存在だと考える。やってくる野蛮人は徳になついてやってくるとする。しかし、だからと言って、やってくる人間を何のためらいもなく受け入れるわけではなかった。念頭においていたのはあくまで自己を中心として規定し得る理念的朝貢《ちょうこう》関係である。だから、新羅難民などは、追い返している（難民についての具体策が、坂上康俊『律令国家の転換と「日本」』（講談社、二〇〇一年）に見える）。

さて、かくして漢字圏は、文書行政を行う場として拡大し、朝鮮半島・日本までもがその中に含まれることになった。漢語《かんご》とは異なる言語を話す地域が含まれることになった。それまでに随分と時を要してしまったわけである。

この漢字圏の拡大に際しては、新しい動きがある。朝鮮半島ではじまったことらしいが、「訓読《くんどく》」と「万葉仮名《まんようがな》」が出現したことである。朝鮮半島では、さほど発展することなく、日本でおおいに発展した。漢字が漢語を現すだけでなく、日本語という漢語とは系統が異なる言語を表現するようになったのである。漢字の新たな展開である。日本ではその後ひらがなとカタカナができ、朝鮮半島では、別の原理にのっとってハングルができあがった。

文書行政を行う場としての漢字圏の中に複数の特別領域が存在する。この戦国時代の再来という状況の中で、亀趺碑が朝鮮半島の新羅で作られる。

新羅の亀趺の獣首

中国の戦国時代の再来という意味があり、また、漢字の新たな展開という一面をもつ、そういう時期に朝鮮半島の亀趺碑が出現する。

すでに述べたところだが、最初に広域的漢字圏ができあがった中国における亀趺碑出現の背景は以下のようであった。

亀趺碑は、後漢《ごかん》時代にでき、それは豪族の墓の前に建てられた。魏《ぎ》の文帝《ぶんてい》の薄葬令《はくそうれい》によって一度地上から消滅したが、大型の墓誌として延命し、やがて地上に復活した。復活したとき、南朝では梁の皇帝の下にある王の墓の前に建てられていた。ここから、制度づくりが進んで、唐では王を含めた品階を問題にし、五品以上に許すということになった。

すでに述べたことだが、戦国時代にできあがった天下を「中国」という特別地域として規定しなおし、周辺国家との関係を構築することに成功したのは王莽の時である。その理念的基礎として儒教経典を据えることに成功した。その王莽政権が崩壊して成立するのが後漢王朝である。魯や斉という一部の都市の思想として始まった儒教が、天下の郷里にまであまねく浸透するにいたるのは、この後漢の時期であることが、明らかにされている。その郷里の豪族の墓に亀趺碑が出現する。

墳墓の規模を皇帝の下の身分秩序として整備する中で、薄葬令を経験し、その後に五品以上にゆるすという規定におちついたわけである。五品以上がいわゆる貴族身分にあたる。亀趺碑は、儒教理念を基礎とする身分秩序を、皇帝の下で形あらしめるものとなった。

統一新羅の太宗武烈王《たいそうぶれつおう》は、積極的に唐化《とうか》政策を進めた王として知られている。関野が指摘したように、その武烈王の碑が朝鮮半島における最初の時期の亀趺碑である。同じ時期に、劉《りゅう》仁願紀功碑《じんがんきこうひ》と四天王寺碑《してんのうじひ》があった。いずれも唐の亀趺碑の制度を取り入れている。

先にこう説明した。新羅の側からすれば、「唐の規定からして、皇帝も建てていいのだが、建てていないな」などと説明しつつ、南朝梁《なんちょうりょう》の文帝《ぶんてい》の墓前碑でも話題にし、「一つ今度は作ってみるか」と亀趺碑を建てる。

こう説明した理由は、新羅の側も徳治の論理がわかっているからである。武烈王陵碑の背後にもその論理があろう。唐の皇帝の論理を理解した上で、同じ論理が自分でも可能であることを確かめ、その上で亀趺碑を建てた。それが唐軍を追い出して統一新羅の基礎を作った武烈王の論理だったろう。

関野貞が指摘したように、新羅も末になると、朝鮮固有の風格をもつようになる。関野は「唐風の写実を離れて、その頭部は獣に近い」と表現している。これを獣首と呼んでおこう。これに対する唐風のものは亀首と言えばよい。新羅末期になると、亀趺の亀の首は亀首から獣首になる。

このころ中国ではどうなったか。関野の調査はわずかなのだが、その中に中国における獣首の例は一つも見られない。近年刊行された図録の類もできるだけ目を通してみたが、結果は変わらなかった。関野も亀趺の獣首を「朝鮮固有」のものと考えている。だから、この推論からすれば、新羅における亀趺碑建立では、「固有」の獣首が表現される程度には、みずからの独自の秩序を示すのが目的なのである。

その具体的形態が、新羅末期における独自性主張を示すのであり、さかのぼって武烈王についても、同じ文脈で亀趺碑建立を考えた方がよくはないか。こう考えて、上記のような武烈王碑に関する推論を進めたわけである。

高麗の亀趺碑

関野貞は、「高麗の初期は、石碑一般に新羅末期の様式を継承した。朝鮮固有の特色が進み、碑身の上部にある螭首《ちしゅ》のかわりに仏塔の宝珠《ほうしゅ》のような蓋をのせたり、屋蓋《おくがい》風のもの（屋蓋形蓋《おくがいがたがい》石《せき》）をのせたり、そうした装飾を廃して半円形にしたり、あるいは袴腰形《はかまごしがた》にしたりしている。高麗の中期には次第に簡略化、疎拙化の傾向をおびるようになった。」と述べている。

また今西龍は、「高麗の陵墓では、その前に碑を建てることはあったが、その碑は陵のための碑、つまり陵碑ではなく、陵をまもる役割の寺院のための碑であった。そのため、高麗王の陵には、一般に遺存する亀趺碑はないが、例外を挙げておけば、神成王后貞陵《しんせいおうこうていりょう》碑《ひ》・景宗王栄《けいそうおうえい》陵《りょう》碑《ひ》がある。前者は王后陵《おうこうりょう》であり、後者は景陵《けいりょう》の東南の谷、約一一八メートルはなれたところに置かれている。東亀陵《とうきりょう》・西亀陵《せいきりょう》という王陵の名前も残されている。これも例外的に亀趺碑にちなむ名前であろう」と述べた。

これらに加え、私は、高麗にあっては、高僧の塔碑が亀趺碑であることに注目した。その高僧を調べてみると、面白いことがわかる。塔碑というのは、僧侶の舎利を納めた舎利塔の傍らに建てられた碑のことである。

高麗では、亀趺碑の建て方が新羅の時と変わった。形は新羅以来の獣首《じゅうしゅ》を踏襲し、僧侶たちの塔碑にそれが用いられたが、高麗王は亀趺碑を建てなかった。その塔碑を建てた僧侶たちの品階を見るととても興味深い。

高麗の仏教界は、禅宗《ぜんしゅう》と教宗《きょうしゅう》（密教）二つの勢力があったが、それぞれ、僧階《そうかい》（僧侶の位階）が定められ、下から順に禅宗では大選《だいせん》・大徳《だいとく》・大師《だいし》・重大師《じゅうだいし》・三重大師《さんじゅうだいし》・禅師《ぜんじ》・大禅師《だいぜんじ》、教宗《きょうしゅ》では、大選《だいせん》・大徳《だいとく》・大師《だいし》・重大師《じゅうだいし》・三重大師《さんじゅうだいし》・首座《しゅざ》・僧統《そうとう》というものであった。これらのうち、禅宗では禅師《ぜんじ》・大禅師《だいぜんじ》、教宗では首座《しゅざ》・僧統《そうとう》から、それぞれ王師《おうし》が選ばれて王を補佐した。塔碑に亀趺を用いた者は、いずれも第五位の大師以上であった。

つまり、高麗では、唐の五品以上に許すという亀趺碑の規定をみずからの僧階に援用し、僧階第五位以上に許すという規定を作っていたわけである。この五位の頂点にだれが位置づけられるかは、おのずと明らかであろう。中国皇帝ではなく、高麗王である。

首の形といい、僧階といい、その亀趺碑は高麗独自のものであり、亀趺碑は中国皇帝を頂点とする体制とは縁がなかった。

李朝の亀趺碑

すでに述べたように、李朝の亀趺碑については、今西龍の簡単な報告があり、また、葛城《かつらぎ》末治《すえじ》は、李朝では二品以上の者が亀趺碑の建碑を許される制度があった、と指摘している。

これもすでに述べたように、この制度については、調べてみても、私にもその規定そのものを発見することはできなかった。李朝は、明の洪武帝時期の規定、つまり三品以上に亀趺を許す、という規定を、自国に置き換えて、朝鮮王を明朝皇帝の下の一品に相当するとみなし、自国の一品を明朝の二品、自国の二品を明朝の三品に相当するとみなして、運用した、ということだと、戦前の研究でも判断されたようだ。運用の上でそうした、ということで、規定は明の制度令であったようだ。

このことを、再確認する上で、とても役だったのが、趙東元《チョトンウォン》『韓国金石大系《かんこくきんせきたいけい》』〈円光大学校出版局、巻一〈一九七九・七・三十〉・巻二〈一九八一・六・十五〉・巻三〈一九八二・一・十五〉・巻四〈一九八五・十・三十〉・巻五〈一九八八・七・三十〉〉であった。この書物は、碑石の拓本と解説をまとめたもので、趺石は亀趺だけを扱ったのではないが、亀趺であるかどうかは、解説を見ればわかる。葛城の指摘は確かであった。

高麗では、亀趺碑は中国皇帝を頂点とする体制とは縁がなかったわけであるが、李朝の亀趺碑の制度は、明らかに中国皇帝を頂点とする冊封体制を表現したものになっている。

ところが、すでに中国皇帝の下の亀趺碑について述べたところを思い起こしていただきたい。明代では、唐の規定を復古して碑石一般について定めた五品以上に亀趺を許すという規定と、神道碑のみを顕彰碑とは分けて規定した三品以上に亀趺を許すという規定が併存することになった。後に継承されたのは、『大明令《だいみんれい》』の規定、つまり唐令の規定のやきなおしであった。これは、明朝が元代の蒙古族政権を打倒してできた漢族の政権であることと密接に関わっている。明代は、復古の気運がみなぎっていた。

李朝で運用されたのは、明で継承されなくなった方の規定である。一見明朝皇帝を頂点とする冊封体制を表現しているように見せてはいるが、その実自分たちだけの規定を運用しているのである。

李朝後期になると、その独自性主張はよりはっきりした形をとることになる。

明朝が倒れて清朝が成立すると、清《しん》朝の軍隊は李朝に進軍して駐留する。そのとき建てられた顕彰碑、例えば大同均役万世不忘碑（『韓金大系』五〈六十六―五十九―六十六〉。京畿道平沢市碑前二洞素沙：銘一六五九順治《じゅんじ》一六建）は、順治という清朝の年号が使われている。それまでは、李朝では、上記のように表面上は明朝に臣事する姿勢を示していたから、石碑に記された年号も明朝のものであった。それが、清朝の軍隊の駐留にあって、清朝の年号を使用することになったということである。

ところが、清朝の軍隊が撤退すると、情勢が変化した。外交上使われるのは清朝の年号だが、こと墓石に関する限り、別の年号を作り出すのである。それは、「崇禎紀元《すうていきげん》」と呼ばれているもので、「崇禎紀元戊辰後《ぼしんご》〈十干《じっかん》〉」・「崇禎紀元之後《ののち》〈何〉年《ねん》」などの言い方で記される。崇禎とは、明朝最後の皇帝崇禎帝の年号である。明朝はいわゆる一世一元の制を用いて年号を使用することを始めた。その崇禎帝が死去した後何年に当たるかという独自の年号を、李朝は始めたということである。

ここにいたって、清朝に臣事するという実際とは別に、明朝の正統を継承するという「形《かたち》」を墓石の年号に記したわけである。亀趺の制度は、上記のように明朝で捨てられた規定を運用するものであったが、それに加えて、墓石一般に崇禎紀元を広く使用することを通して、明朝の正統を継承する「形」を作り出した。だから、李朝の亀趺は、清朝の時代にあって、すでに滅んだ明朝皇帝を頂点とする冊封体制を表示することになったわけである。それも明朝では捨てられ、清朝でも顧みられなかった規定を運用して、である。

第三章　日本の亀趺碑

わかっていなかった我が国の亀趺碑

話を冒頭にもどしたい。

鳥取において始めた私の亀趺碑研究は、中国・朝鮮半島における亀趺碑ということであれば、すでに述べたような資料調査が進み、概略が次第にわかってきた。ところが、それらが外国の文物であるだけに、実地調査はごく限られたものにならざるを得なかった。

すでに述べた山東曲阜の孔子廟以外にも、中国各地に亀趺碑が存在する。機会があれば、それらを調査した。例えば、北京の郊外には、明朝の皇帝陵がある。世祖永楽帝《せいそえいらくてい》以来の歴代皇帝が埋葬されている。それぞれ神道碑があり、永楽帝は龍趺《りゅうふ》、宣徳帝《せんとくてい》以後は亀趺が建てられている。最後の皇帝崇禎帝《すうていてい》のみは、亀趺でなく方趺《ほうふ》（四角のいわゆる台石）であった。亀趺の亀は贔屓《ひいき》であって、龍の子である。その龍が永楽帝であり、歴代皇帝はその子のようなもの、という位置づけである。だから、最後の皇帝は亀趺を建てるに値しない、ということであろう。

ただ、この皇帝のもとにあって自殺した宦官王承恩《かんがんおうしようおん》は、崇禎帝の陵墓のななめ前方に小さめの墓が作られ、その前に亀趺碑が建てられた［写真18・19］。これが後になると、「忠烈」であれば亀趺碑が建てられるという前例になるようである。

こうした実地調査が限られていながら、ある程度の見通しが立ったのは、幸いにも関野貞や今西龍・葛城末治他の先達の研究が残されていたからである。また、それらを活用しつつ、パ

18　王承恩墓

19　王承恩墓前碑

ルーダンや趙東元《チヨトンウオン》などの近年の調査報告を利用することができたからである。

ところが、我が国の亀趺碑については、関野らは、ほとんど研究を残さなかった。中国や朝鮮半島のものは、戦前の調査であるから、おそらく大名の子孫たち、つまり華族《かぞく》の人たちの関心をひいたに違いなく、そうした人たちの祖先の墓に亀趺碑があることの情報は、当然関野らの耳に入ったことと思われる。ところが、報告の類をざっと見てみたかぎりでは、唯一水戸徳川家の亀趺碑に関心を示し、簡単な記録を残しているにすぎないようである。しかも、私が実地に調べてみると、碑石の置き方や亀趺の有無について、多少の誤解があった。

私はといえば、中国や朝鮮半島のものとは違って、機会をとらえての実地調査も国内では少しずつ着実に進めることができた。調査が進めば進むほどにわかってきたのは、亀趺碑をかかえる日本各地では、亀趺碑がそもそもいかなる意味をもつ台石なのかが理解されていなかったことである。

日本に亀趺碑ができるまで

私が了解した順を追って、諸事項をご紹介するのが、一つの方法かもしれない。しかも、その方が、いかなることが、どのような過程を経て何が明らかにされたかがわかって、興味をそそるものとなるかもしれない。しかし、その種の説明は、私の推論が行きつもどりつした過程を再確認するものとなって、どうどうめぐりの感を与えたり、私の手探りの過程を追体験することになってしまいかねないだろう。そこで、以下には、私の検討過程は省略して説明を続けることにしよう。

我が国では、弥生《やよい》時代末から墳丘墓《ふんきゅうぼ》が出現し、墓葬の大型化が進んだ。古墳《こふん》時代を特徴づけるのは前方後円墳であり、この形式は、全国に及ぼされた政治関係の存在を裏付けるようである。ただし、これは、官僚を派遣しての統治ではなく、それぞれの国の首長が大和朝廷と政治関係を結ぶものであった。

七世紀に大化《たいか》の薄葬令《はくそうれい》が出され、以後古墳は姿を消した。地上の目印は作れなくなったので、石碑もなくなった。中世にあっては、五輪塔《ごりんとう》や宝篋印塔《ほうきょういんとう》を建てる比較的大きな墓葬も営まれたが、石碑は作られなかった。

江戸時代になると、各地の大名が大型の墓葬を営み始める。当初作られたのは、高野山の一角である。ここに大型の五倫塔や宝篋印塔を作っている。そして大名が各地に分け与えられた領地に、この墓石を営むことが始まる。いわば古墳時代の復活である。

ところが、以後の墓のあり方は、古墳時代とは大いに異なるものとなった。大名の領地は、現在の県全域に相当するするものから、そのごく一部にすぎないものまで大小さまざまであるが、国もと、江戸、高野山に墓をいとなみ、国もとの墓葬が壮大なものとなった。その国許《もと》の墓葬であるが、私が実地に足をはこんで調べた範囲内では、それぞれの大名ごとにどこか異なる点をもつのである。

具体的に述べれば、墳丘を作るか作らないか、墳丘の形を方墳にするか円墳にするか別の形にするか、墳丘の上に鎮石《しずめいし》を置くか置かぬか、鎮石の形をどうするか、墳丘を作らぬ場合に墓石をどうするか、宝篋印塔にするか五輪塔にするか無縫塔《むほうとう》にするか別の墓石にするか、大名と夫人の墓を並べてつくるかどうか、墓前に灯籠《とうろう》を置くか置かぬか、置くとすればどのように置くか、それは参道（神道）に沿って置くか墓前のみに置くか、何対置くか、少数置くか多数置くか、墓前碑に亀趺を使うか使わぬか、使う場合、亀趺の形式をどうするか、亀首か獣首か、碑首をどう表現するか、亀趺の向きは墓石に対して正面を向くか左を向くか、参道（神道）に対し正面を向けるか墓石に対し正面を向けるか、仏式にするか儒式にするか神式にするか、昭穆制《しょうぼくせい》（初代を別格として、奇数代と偶数代を分ける）を採用するかしないか、墓前碑に亀趺碑とは別に墓表と称する碑石を置くかおかぬか、仏式の場合、菩提寺《ぼだいじ》を墓のそばに置くか遠くに置くか、といった具合である。これだけ条件がたくさんあると、一つとして同じものがない、という推測が決して的はずれでないことがおわかりいただけよう。実際、確認した範囲内では、みなどこか異なっていたのである。

墳丘と亀趺

すでに、古墳時代の復活、という言い方を示したが、意味するところは、大型の墓葬を営み始めたということである。墳丘を作るかどうかは、大名ごとに異なる。

巻末に、亀趺碑の一覧を付した。我が国のものは、いずれも、私が実地に調査したものである。唯一鹿児島県薩摩郡宮之城町大徳山宗功寺所在の島津《しまず》久通《ひさみち》祖先世功碑のみは、九州一帯の調査を終えたのちに知って、宮之城町教育委員会から資料を頂戴したものである。

なお、誤解のないように申し述べておけば、各地を実地に調査するに当たっては、少なからず現地の教育委員会の方や、墓地を管理する社寺や個人など、たくさんの方々にお世話になった。鳥取大学や九州大学など各地研究者の方々にも多くの助言をいただいている。私の調査は、こうした方々の善意に支えられている。

これらをご参照ねがいつつ説明を続けると、墳丘はいろいろである。

まずいわゆる墳丘であるが、上から見た形が円形の円墳、同じく方形の方墳がある。また、上円下方墳というものもある。上半が円、下半が方形の墳墓である。

岡山県和気郡和意谷にある岡山池田家の墓地では、代々の墓ごとに墓域を造って平らにし、その上に上円下方墳を造り出している。墓に向かって右側に方形の柱状の墓碑を建て、墓の正面に板状の墓碑を建て、「参議《さんぎ》正三位《しょうさんみ》 源《みなもと》輝政卿《てるまさけい》」と記す。この板状の墓碑の趺石が亀趺になっている［写真20］。方形の墓碑を「墓表《ぼひょう》」と称し、比較的詳しい被葬者の事跡を記す。普通墓表と称するものには、被葬者の官名や氏名などしか記さない。だから、板状の墓碑がいわゆる「墓表」である。しかし、ここでは、比較的詳しい被葬者の事績を記した方を「墓表」と言っている。

ちなみに、「源」というのは、源氏の子孫であることを表明するもので、世に知られた姓は「池田」である。

その墳丘正面の墓碑であるが、初代輝政《てるまさ》のものは亀趺を用いている。上述したように、輝政は「正三位」の地位を得ていた。これは、古代以来の官位が継承されていたのを、輝政が取得したもので、律令官位と言う。江戸幕府の下では、やがて武士には「武家官位《ぶけかんい》」を授与するよ

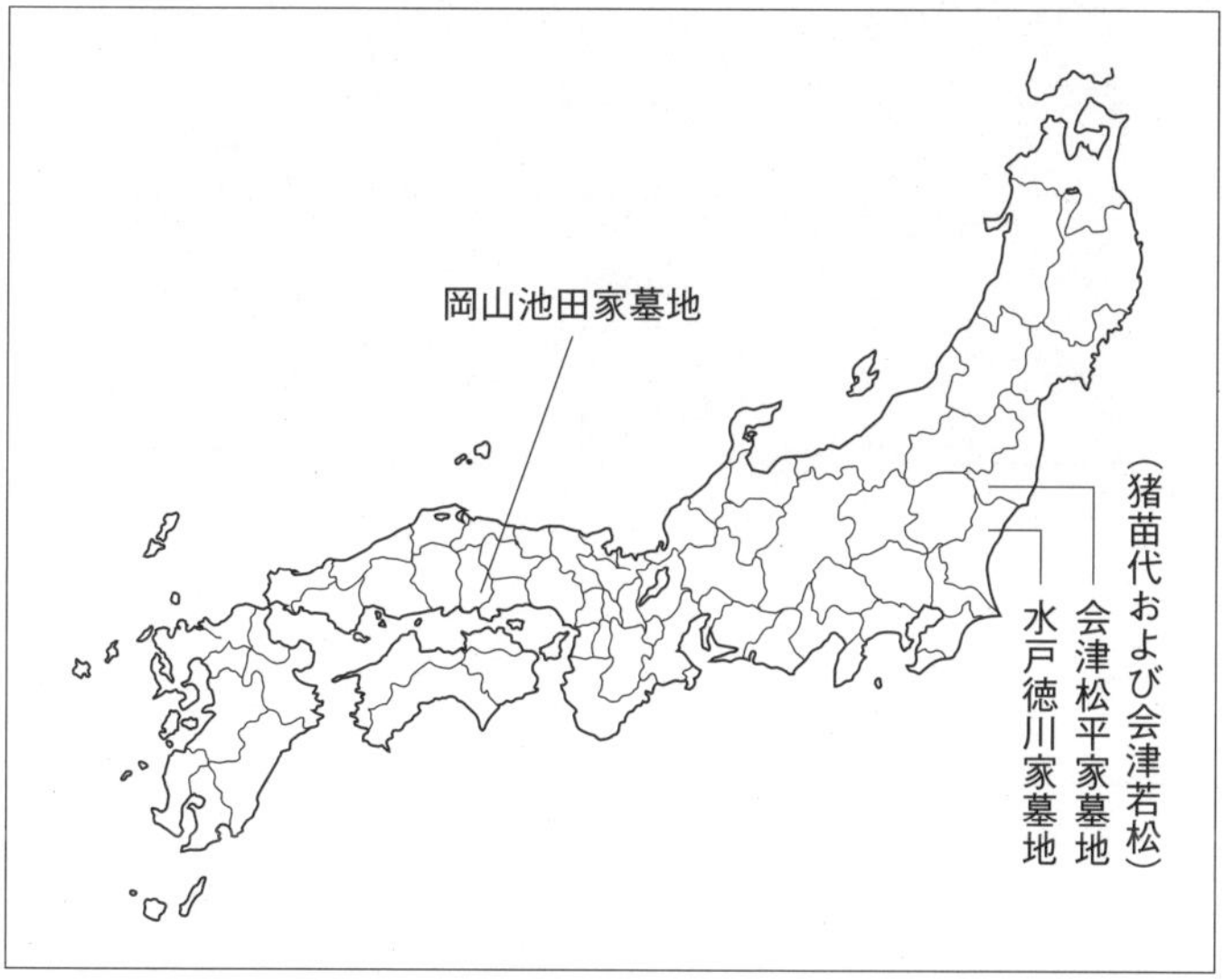

20　岡山県和気郡和意谷池田輝政墓表

うになる。授与するのは、律令官位と同じく天皇であるが、武家と公家の体系を分けたわけである。

福島県の会津藩では、初代保科正之《ほしなまさゆき》（松平《まつだいら》正之）以来の墓葬が営まれている。初代保科正之の墓は、耶麻郡猪苗代町の一角、猪苗代湖に臨むところにあり【写真21】、他は会津若松市内にある。二代保科正経《まさつね》だけが仏式の墓葬をいとなんで墳丘を造らなかった以外は、すべて円墳を造りだし、墳丘の頂上に鎮石《しずめいし》を置いている。鎮石は、上部と下部が板状に突き出た八面柱である。この鎮石に被葬者の事績が記されている。岡山池田家の「墓表」の役割を、ここでは鎮め石が担っている。

水戸徳川家では、藩主が馬の鞍の形で上から見て長方形になるものを小墳丘としている【写真22】。地元では「馬鬣封《ばりょうほう》」と称している。その墳丘の前、南側に亀趺碑をたてて官位と名前を記す。亀趺は墓に向かって左、つまり西を向いている。亀趺の上に作られた碑身《ひしん》は板状で、正面の上の部分（碑首）に獅子を細工する。そしてその下に官位と名前を刻する。例えば初代は「故水戸侯《こみとこう》正三位《しょうさんみ》権中納言《ごんちゅうなごん》源《みなもと》威公《いこう》」、二代は「故権中納言《こごんちゅうなごん》従三位《じゅさんみ》水戸《みと》源《みなもと》義《ぎ》

会津松平氏略系図

徳川秀忠（将軍）―①正之《まさゆき》―②正経《まさつね》＝③正容《まさかた》―④容貞《かたさだ》

⑤容頌《かたのぶ》＝○―⑥容住《かたおき》＝⑦容衆《かたひろ》＝⑧容敬《かたたか》＝⑨容保《かたもり》

＊―父子　＝父子以外

21　福島県猪苗代町土津霊神之碑（保科正之神道碑）
（亀の頭の向く方行を登っていくと正之の墳丘墓がある）

公《こう》」と記している。いわゆる墓表に当たる。「威公《いこう》」や「義公《ぎこう》」は、中国風の諡号《しごう》（おくり名）である。諡号は、君主死去の後に定められる。『春秋《しゅんじゅう》』や『史記《しき》』にある諸侯の称号を参照したものである。

藩主のそばに正室の墓をつくる。初代だけは、側室の墓をつくっているが、この側室は二代光圀《みつくに》の生母である。三代綱条《つなえだ》のみは、夭逝した世嗣《よつぎ》の墓も隣接してつくりだしている。これら藩主以外の墓は、小墳丘の形が円錐形である。通称は「馬蹄封」である。

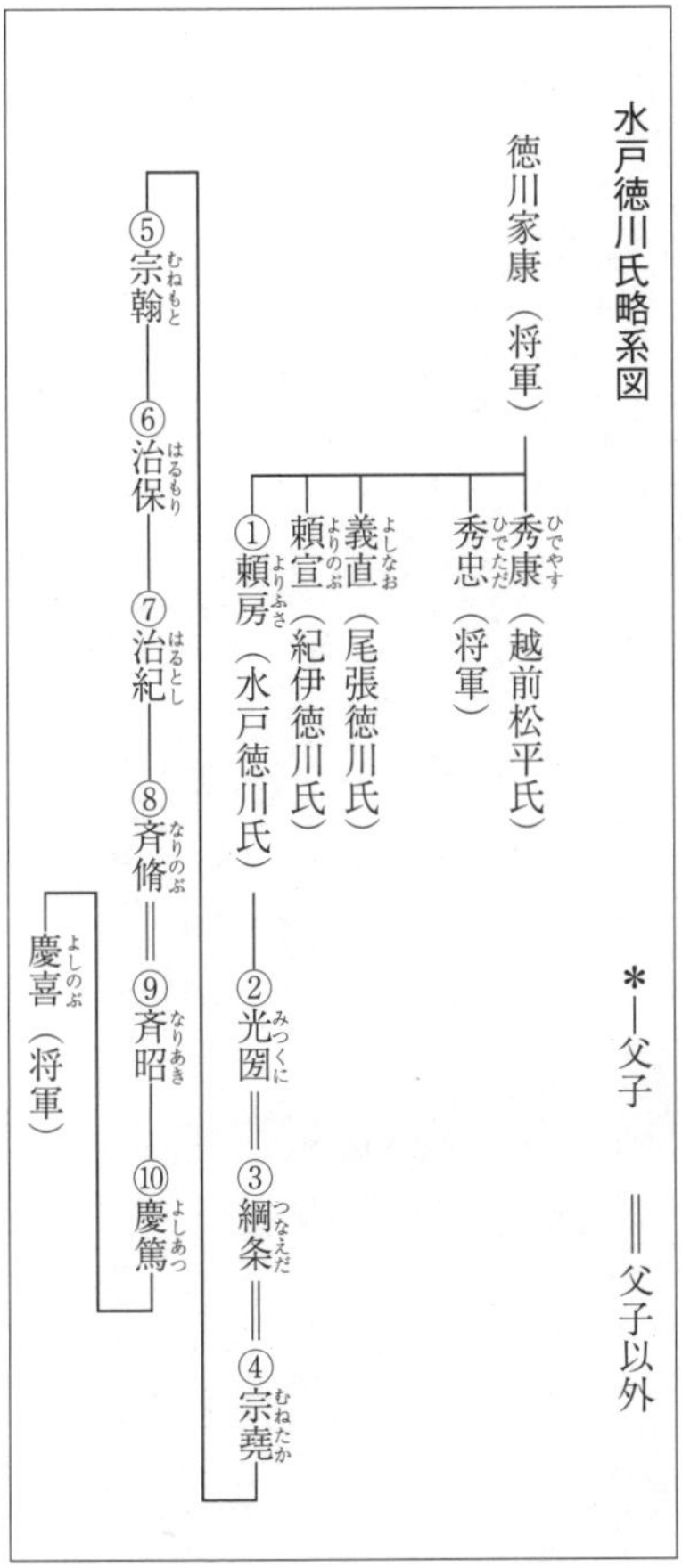

藩主が方、正室が円ということになる。通常天円地《てんえんち》方《ほう》と称する。この言い方に沿って言えば、藩主が地、正室が天ということである。一見逆のように見えようが、私はこれでい

22　茨城県常陸太田市水戸徳川光圀墓表（水戸徳川家所有）
写真提供：㈶水府明徳会

いのだと思う。なぜなら、易の六十四卦《ろくじゅうしか》の中に「泰《たい》」という卦があり、最良の卦とされているからである。この卦では、卦を構成する六本の爻《こう》のうち、上三つがマイナス、つまり「地《ち》」を現し、下三つがプラス、つまり「天」を現す。「地天泰《ちてんたい》」と称する。マイナスの爻はその性質に従って地に向かい、プラスの爻はその性質に従って上に向かう。上に居る者と下で支える者がかたく結ばれて体制は万全となる。上に居る藩主は常に下に気を配り、下に居る正室は下々を代表して常に上に気を配る、ということである。

藩主と正室（側室・世嗣）の墓は、大きな基壇《きだん》の上に作り出されている。基壇は身の丈よりも高く、正面（南面）に石の階段を作り出している。

墓は二つの山に転々と作られ、正面から向かって右の山の一番高いところに初代頼房《よりふさ》、向かって左の山の一番高いところに二代光圀の墓がある。光圀の墓だけは、墓正面から降ったところに墓碑が建てられている。碑は自然石を用い、正面（碑陽《ひよう》）に「梅里先生之墓《ばいりせんせいのはか》」と記し、裏面（碑陰《ひいん》）に故人の事績を記す。この碑をおおう堂が建てられている。

二つの山の交差する麓には、明人朱舜水《しゅしゅんすい》の墓が営まれている。墳丘は正室と同じく三角錐の馬蹄封で亀趺碑はない。墓域に作られた臣下の墓はこれしかなく、この亡命明人がいかに尊崇されていたかがわかる。朱舜水の墓の前には、池が作られている。その池の形は前方後円である。

巨大な墓石と亀趺

亀趺碑のない場合でも、金沢の前田家の場合などは、巨大な方形の墳丘を造りだしている。だから、藩の格をどう表現するかに関して、墳丘の有無は重要視された条件である。

ただし、この種の大名としての格を表現するのに、墓石を利用する場合もあった。この場合、墓石は一般に目にするような小ぶりのものではなく、とても巨大なものになる。

この巨大な墓石を最初に造ったのは高野山である。大名家の墓が各地において定着する前、大名はこの高野山に墓地を構えた。その高野山に造り出された墓石は五輪塔であった。

このことが影響しているのであろう。各地の大名墓において、五輪塔を墓石に選んだ例は結構多い。

23　島根県松江市月照寺松平宗衍寿蔵碑

毛利氏略系図

＊―父子　‖父子以外

①毛利輝元《てるもと》―②秀就《ひでなり》―③綱広《つなひろ》―④吉就《よしなり》＝⑤吉広《よしひろ》＝

⑥吉元《よしもと》―⑦宗広《むねひろ》＝⑧重就《しげなり》―⑨治親《はるちか》―⑩斉房《なりふさ》＝

⑪斉熙《なりひろ》＝⑫斉元《なりもと》＝⑬斉広《なりとう》＝⑭敬親《たかちか》

例えば島根県松江にある月照寺《げっしょうじ》には、松平家の墓所が営まれているが、ここに造り出された墓石は五輪塔である。五輪塔は、空・風・火・水・地の五輪からなる塔である。松江松平家の場合は、茶道を盛んにした人として有名な七代藩主松平不昧《ふまい》の父、六代宗衍《むねのぶ》の墓の左斜め前に亀趺碑が建てられている［写真23］。これは寿蔵《じゅぞう》碑《ひ》と称されるもので、長寿を祝って生前に建てたもの。亀趺は、ラフカディオ・ハーンが随筆『知られざる日本の面影』で紹介している。

24　山口県萩市東光寺毛利吉就神道碑

25　山口県萩市東光寺毛利宗元成徳碑
（七代宗広の兄で相続前に死去）

山口県萩市の大照院《だいしょういん》には、毛利家の初代と偶数代藩主の墓が営まれている。その墓石が五輪塔である。この墓所の墓碑は亀趺碑ではないが、三代以後の奇数代藩主の墓が、同市内の東《とう》光寺《こうじ》に営まれており、その墓前碑は亀趺碑である［写真24］。この墓所の墓石は、笠つきの角柱形である。

大照院の初代は、別格扱いされており、初代を別格として奇数代と偶数代を分けて埋葬するのは、昭穆制《しょうぼくせい》（九十九頁参照）と言われる古来の制度である。古典籍には、西周以来の制度とされているものだが、実際は戦国時代中期（前四世紀ごろ）にまとめ上げられたものである。毛利家の学者たちが、中国古典籍から得た知識をもとに、大照院と東光寺に分けて埋葬する方法を考えたということであろう。

冒頭に紹介した鳥取池田家の場合は、墓石に亀趺を用いた。亀趺に背負われた碑身は、位牌形に造っている。巨大な位牌である。墓石と墓前碑を組み合わせた形であり、墓前碑はない。

高麗王朝の影響と亀趺

すでに述べたように、我が国では、ひさしく墓碑をたてることはなかった。大化《たいか》の薄葬令《はくそうれい》以来のことである。だから、碑石の亀趺も存在しない。ところが、一部の寺に、亀趺の舎利塔を作るということが行われた。

最古の事例は、律宗の唐招提寺《とうしょうだいじ》の金亀舎利塔《きんきしゃりとう》（平安末）であり、和歌山龍光院《りょうこういん》金亀舎利塔（一四六〇年銘）、奈良長谷寺瑜祇塔《はせでらゆぎとう》（一八四二年銘）などが知られる。

私は、調査の過程で、たまたま茨城県猿島郡にある真言宗の名刹万蔵院《まんぞういん》に、同様の、しかし石造の亀趺塔（一六八一年銘）があることを知った（一二〇頁）。

唐招提寺の金亀舎利塔（平安末）や和歌山龍光院金亀舎利塔（一四六〇年銘）は、時期的に朝鮮半島の高麗王朝のころのものである。その高麗の場合と違って塔碑を作ったわけではなく、舎利塔を調度品として作ったわけだが、亀趺の意匠が、我が国においても古くから継承されていたことを示す事例として興味深い。しかも、唐招提寺の亀趺は亀首であるが、和歌山龍光院金亀舎利塔以下は、すべて獣首である。当初は、唐以来の亀首のものが作られ、やがて新羅後期から高麗にかけての朝鮮半島独特の獣首が我が国に及んで定着したことがわかる。

このことを問題にしたのは、江戸時代に亀趺碑が建てられ始める時期、中心的役割を果たした人物として林羅山《はやしらざん》を挙げることができ、かつ、その林羅山に上述の亀趺塔の影響が想定できるからである。

私は、複数の研究者から、近藤啓吾《こんどうけいご》『儒葬と神葬』（国書刊行会、一九九〇年）を紹介された。大陸伝来の葬法を儒葬と表現し、それをもとに取捨して神葬が行われるまでの議論の跡をまとめる。儒葬を代表するものとして扱われるのが宋の朱子《しゅし》の『文公家礼《ぶんこうかれい》』である。

万治《まんじ》元年（一六五八年）に水戸光圀が夫人泰姫《やすひめ》の葬儀を儒式で行った。これは、慶安元年（一六四八年）の中江藤樹《なかえとうじゅ》、同四年（一六五一年）の野中兼山《のなかけんざん》の母秋田《あきた》氏、明暦《めいれき》二年（一六五六年）の林羅山夫人、翌三年（一六五七年）の羅山の儒葬《じゅそう》につぐもので、儒礼の実行として初期に属する。幕府の仏教保護体制の下にあって、これらの人々が敢えて儒葬を行ったのは、中世までの仏教の思想的支配より離脱しようとする意志の表明であったことは否定できないが、同時に光圀の例に見られるように、神葬《しんそう》を行おうとしたものの、神道にその形がなかったため、やむなく儒葬はわが国の故俗に極めて近いという判断のもとにおこなった、というのが近藤氏の意見である。

この意見の注目点は、仏教からの離脱を述べるのに、江戸初期の人々の意志の表明を論じていることと、儒葬についても、同じ人々の「判断」が問題にされていることである。仏教と儒葬を分けようという当時の人々の判断が問題になる。

ところが、本書で論じる亀趺碑は、おそらく儒葬の範疇に属するのである。しかも、それを我が国で伝えてきたのは、仏教寺院の舎利塔の意匠としてであり、淵源をたどると、唐以来の亀蛇《かめへび》までいたる。唐の制度を伝えたのは遣唐使であり、密教美術の醍醐寺本十天形像《だいごじほんじってんぎょうぞう》（『大正大蔵経図版編』、九世紀末以前）の中の水天《すいてん》は大亀に乗る。当然ながら亀首である。つまり、水天を載せるような亀が亀趺塔の台座に変わり、やがて朝鮮半島独自の獣首の影響を受けて江戸時代にいたったということである。儒葬というのが中国王朝型式という意味であるのなら、その型式が仏教寺院の中で継承されたということである。

すでに述べたように、高麗で亀趺をあしらったのは、高僧の塔碑や墓塔であった。これも仏教寺院において、亀趺という型式が継承された事例である。その影響を受けつつ、塔碑ではなく亀趺塔という形であったが、同じく仏教寺院の中で亀趺型式は継承された。

では、江戸初期の人たちが、それを儒式として判断した理由はなにか。その判断の基となる材料があったに違いない。その材料、その知識をもたらしたのは、第一に、豊臣秀吉の朝鮮出兵だったのではないかと思う。朝鮮半島には、李朝の高官たちが神道碑として亀趺碑を建てていた。明の規定に基づくものである。これは儒式とよぶにふさわしい。秀吉が差し向けた軍隊は、おそらく寺院にあった新羅後期から高麗時代にかけての塔碑や墓塔にも目をむけたはずである。その情報は我が国にもたらされた。亀首の亀趺と獣首の亀趺があったというやや正確さをかく情報である。

その情報が我が国のどこにまずもたらされ、林羅山の耳に入ったかといえば、おそらく禅宗寺院であろう。林羅山は、一五九五年十三歳で建仁寺《けんにんじ》に入り、一五九七年に同寺を去っている（掘勇雄『林羅山』、吉川弘文館、一九六四年）。ときあたかも豊臣秀吉の朝鮮出兵にともなう朝鮮の情報がさかんにもたらされていた時期である。『東福寺誌《とうふくじし》』によると、文禄《ぶんろく》の役《えき》（一五九二年）が起こると、豊臣秀吉は東福寺の惟杏永哲《すいあんえいてつ》・景徹玄蘇《けいてつげんそ》、相国寺《しょうこくじ》の西笑承兌《せいしょうしょうたい》を召し、肥《ひ》前《ぜん》名《な》護屋《ごや》にいたらせて朝鮮修文職《しゅうぶんしょく》にしている。同年、文英清韓《ぶんえいせいかん》が加藤清正《かとうきよまさ》に招聘されて朝鮮半島に渉っている。これらのことからも、禅宗寺院と朝鮮出兵による情報との密接な関係がわかる。

高麗の僧侶の塔碑は、禅宗と教宗両派のものがあった。日本の禅宗寺院には、この高麗禅宗僧侶の塔碑の情報がもたらされていたに違いない。その亀趺は李朝の亀首と異なって、獣首であった。そして、李朝の高官の神道碑の情報もいっしょに入ってきた。

江戸時代に儒葬を行った人々のことは、上述したような事例が知られているが、私自身実地に調べていくうち、思わぬ事例に行き当たった。茨城県古河市の永井月丹碑《ながいげったんひ》（一六三七年撰文）である。碑文は『林羅山全集』に収められている。この碑の趺石は亀ではないが、銘文に亀趺のことが記されている。撰文したのは林羅山であった。碑石には、後に建てられたという可能性を、常に考慮する必要があるわけだが、この場合、碑文に亀趺のことが書いてあるのだから、撰文の時点で亀趺の情報を得ていたことは確実である。

林羅山に亀趺の情報をもたらした第二は、明の遺臣のひとり陳元贇《ちんげんいん》である。まさに儒葬の情報である。陳元贇は一六二〇年に明の使節の通訳として京都にきており、その際に羅山が幕府の命により接見し、以後交誼が深かったようである。陳元贇は、尾張徳川家の初代義直《よしなお》の墓所の造営に関わっており、その墓は儒式で作られた。墓は小高い山の中腹にあり、そこから参道が平地に下るが、下ったところに日本庭園が造られ、そこに霊亀岩が置かれている。本来亀趺が置かれるべきところに霊亀岩があるということである。霊亀岩は、一六五〇～一六五一年に完成している。

明の遺臣としては、水戸徳川家の客となる朱舜水《しゅしゅんすい》の名が浮かぶ。しかし、彼が日本の長崎にきたのは一六四五年のことであり、永井月丹碑の撰文より遅れる。徳川光圀の求めに応じて水戸に寄留するのは一六六四年のことである。その翌年、朱舜水は水戸徳川家初代の頼房《よりふさ》の墓に詣でている。そこにはすでに亀趺碑があったようであり、その亀趺は獣首であった。

頼房の亀趺碑には、碑陽に官姓名など、碑陰に死去年月日が記されているだけなのに、光圀の亀趺碑になると、『舜水朱氏談奇《しゅんすいしゅしだんき》』に記された制度に沿って、碑陰に刻文が出現し、以後の歴代君主の制度として定着する。だから、水戸徳川家の墓葬の制度的定着には、朱舜水が大きな影響を残したことは事実である。すでに紹介したものだが、南面する光圀の墓からまっすぐ参道をくだったところに「梅里先生之墓《ばいりせんせいのはか》」という墓表が建っている。これも朱舜水がもたらした明の制度的影響である。しかし、水戸徳川家に最初に亀趺碑の情報をもたらしたのは朱舜水ではなかった。

すでに紹介した光圀の母の墓のことを詳しく言うと、光圀の生母の墓は当初水戸の南郊に葬られ、後に瑞龍山《ずいりゅうさん》（茨城県常陸太田市）の水戸徳川家墓地に改葬された。水戸に葬られたのは、一六五七年であり、このときに参照されたのが林羅山の子の林春斎《しゅんさい》が書いた『泣血余《きゅうけつよ》滴《てき》』である。羅山は一六五七年に死去している。徳川頼房は一六六一年に死去し、朱舜水が頼房の墓地を訪れたのが一六六五年である（寛文五年。『舜水先生文集』「拝故《はいこ》正三位《しょうさんみ》権中納言《ごんちゅうなごん》水戸《みと》源《みなもと》威公《いこう》之《の》墓《はか》祝文《しゅくぶん》」）から、林春斎を通して羅山の亀趺情報が水戸徳川家にもたらされていたものだろう。ただし、陳元贇がもたらした情報が正確だったなら、明の制度として、その亀趺の首は亀首になったはずである。ところが、水戸徳川家の亀趺はすべて獣首である。情報は正確ではなく、すでに述べた獣首の情報がまずは水戸家にもたらされた。

林羅山に亀趺の情報をもたらした三つ目は、高野山である。説明の都合上三つ目ということにしたが、時期的には、朝鮮出兵情報に近接して語れるものである。すでに述べたように、江戸時代に大きな墓を作り始めた大名は、当初は高野山に墓所を営み、それは継承された。その高野山には、空海《くうかい》以来の真言宗《しんごんしゅう》の寺宝《じほう》が残されていた。亀趺を表現した亀趺塔をいまに残すのは真言宗だけではないが、真言宗にその亀趺塔の情報が継承されていたことは事実である。そして、亀趺塔そのものではないがそれを表現した絵、五蔵曼陀羅《ごぞうまんだら》が高野山に残されていた。ここに、禅宗の場合と同じく、豊臣秀吉の情報はもたらされたに相異なく、教宗と呼ばれた高麗の密教寺院の塔碑のことも議論されたに違いない。その亀趺は獣首であった［写真26参照］。

26　茨城県猿島郡猿島町万蔵院亀趺塔
(56・57 頁をも参照されたい)

以上、三つが林羅山に亀趺の情報をもたらした経路だと考えられる。

なお、すでに言及したように猿島郡猿島町の名刹万蔵院《まんぞういん》には、亀趺塔が作られている（一六八一年）【写真26】。五十六頁に高麗の浮屠を紹介した。その影響が、我が国密教寺院の舎利塔、たとえば、平安末の奈良唐招提寺金亀舎利塔、一四六〇年銘の和歌山龍光院《りょうこういん》金亀舎利塔などに残されている。ただし、前者は亀首、後者は獣首であり、前者には唐代以来の中国の影響がある。獣首の亀趺をもつ舎利塔の影響をうけて作られたのが万蔵院の宝塔である。

くりかえして言えば、新羅後期から高麗にかけての特徴である獣首の亀趺は、いちはやく我が国の舎利塔の意匠として定着し、豊臣秀吉の出兵にともなう高麗塔碑の情報としてもたらされ、両者が合体したようである。だから、陳元贇が明の制度としての亀趺情報をもたらしても、その首が亀首としては出発しなかったのである。

ただし、朱舜水は、明の制度としての亀趺が亀首であることを伝えたようである。というのは、徳川光圀が、現在の神戸市湊川神社《みなとがわじんじゃ》の地に、一六九二年に「嗚呼《ああ》忠臣《ちゅうしん》楠子《なんし》之《の》墓《はか》」という亀趺の墓表を建てているが、その亀趺が亀首だからである【写真27】。光圀の墓前碑亀趺も、獣首でありながら、あごをつきだして亀首風にしている（一〇六頁【写真22】）。

これもすでに述べたように、亀趺の制度は、唐令に「螭首亀趺《ちしゅきふ》」とあり、碑身の最上部を「首」と称して、そこに螭龍《ちりゅう》を表現するのが唐王朝当時のきまりであった。明や李朝の亀趺もこの

27　兵庫県神戸市湊川神社「嗚呼忠臣楠子之墓」墓表

螭首を表現している。しかし、獣首を造り出した高麗の亀趺は、この碑身上部の螭首表現を特異なものに変えた。螭龍を表現することもあれば、他の装飾を施すこともある。我が国の江戸時代に高麗の影響がもたらされたことを述べたばかりだが、我が国の亀趺碑の場合にも螭首を表現したものはほとんどない。碑身の上部に何らかの首を表現する場合も、螭首とは限らない。いわゆる螭首を表現しないという点で、我が国の亀趺碑には、高麗の亀趺碑に共通する性格がある。儒式墓葬として亀趺を造り出したにもかかわらず、その制度には、とうに滅びてしまった高麗の影響が、碑身の首の表現にも現れている。

宗教統制と亀趺碑

江戸幕府によるキリスト教の弾圧は、島原《しまばら》の乱（一六三七年）を引き起こしたことでも有名である。その宗教統制が制度としても整ったのが寛文《かんぶん》（一六六一～一六七三年）期で、この時期に寺請制度《てらうけせいど》、宗門改帳《しゅうもんあらためちょう》の作成が完成し、武家諸法度《ぶけしょはっと》が改正されてキリシタン禁制の箇条が加えられた。

この時期に、すでに始まっていた亀趺碑をめぐって、悶着がおこっている。亀趺碑を含む儒葬を遠慮しようという動きである。

葬儀を儒式（神式と称している）にするか仏式にするかでもめた、という話がいくつかある。

いずれも亀趺碑が建てられた事例である。

会津藩松平家では、初代保科正之《ほしなまさゆき》の墳墓造営についての記録がある。正之が寛文十二年（一六七二年）に死去した後、葬法をめぐって論争が起こった（『保科正之公と土津神社』一九三〜一九四頁。『家世実記』二巻六四九〜六五一頁、九〜二十頁）。正之の遺言に従えば、葬儀はすべて「神式」でとりおこない、仏式を介在させないはずであったが、これを忠実に実行しようとする御葬之大奉行《おんそうのおおぶぎょう》の友松勘十郎《ともまつかんじゅうろう》と、仏式を介在させようとする二代正経《まさつね》および幕臣の稲葉美濃守《いなばみののかみ》・同丹後守《たんごのかみ》との間の論争である。勘十郎の説得により、神式で執行されることになったが、勘十郎は脱藩して墓葬造営の役目に当たっている。

こうした経緯からよみとれるのは、幕府側に

28　会津若松市内松平家墓地松平容頌亀趺碑
（104 頁をも参照）

儒式・神式に対する警戒感があるということである。そして、国許では儒式・神式にこだわったということである。二代正経は、葬地を会津若松市内に移し、みずからの葬儀を仏式で執り行わせたが、三代以後は神式（儒式）に復帰して亀趺碑を建てる［写真28］。

同じような論争が、岡山池田藩にもある（谷口澄夫『池田光政』〈吉川弘文館人物叢書、一九六一年〉）。幕府の圧力により、池田光政は熊沢蕃山など陽明学者の寵用をやめ、朱子学に重きをおいた。しかし、なお神式にはこだわりがあった。寛文期には過激分子として日蓮《にちれん》宗《しゅう》不受不施派《ふじゅふしは》の弾圧を断行し、それだけでおさまらずに幕府の意向を踏み越えて仏教全体に弾圧の手を広げた。そして、神儒合一の思想を基礎にして、寺請ならぬ神社請《じんじゃうけ》（神道請）政策を推し進めている。これに対し、江戸に育ち寛文十二年（一六七二年）に光政《みつまさ》の隠居により藩主を継いだ綱政《つなまさ》は、幕府の意向を汲んで、延宝《えんぽう》二年（一六七四年）に寺請制度への転換をほのめかし、光政の死後に神道請制度を廃止した。ちょうど会津松平家で正之の墳墓造営をめぐる論争が起こったのと平行して、岡山池田家でも寺請制度への転換がすすんだことになる。

岡山池田家の葬地である和意谷《わいだに》を見ると、光政は輝正《てるまさ》・利隆《としたか》の墓を改葬して儒式を採用し、以後の藩主もこのやり方を踏襲した。こだわったということである。しかし、一方において、仏教優遇策も打ち出す。綱政は元禄《げんろく》十一年（一六九八年）に岡山に曹源寺《そうげんじ》を建立し、輝政の父の信輝《のぶてる》、光政《みつまさ》、そして綱政自身の冥福をいのらさせた。儒式墓葬に対する嫌疑をはらうということであろう。

幕府に対する遠慮と亀趺碑

その後の大名墓葬は、仏式を介在させるものが主流をしめた。すでに述べた鳥取池田家の亀趺碑は、墓前碑ではなく墓石であり、碑身《ひしん》（板状部分）が位牌風に作られている。これも仏式を取り入れたものである。儒式と仏式の融合である。

山口毛利家の場合も、初代と二代以後の偶数代を大照院の境内に葬り、五輪塔の墓石を建てた。亀趺碑はなかった。三代以後の奇数代藩主の墓は、同市内の東光寺に営み、笠つきの角柱形を墓石とした。そして墓前碑として亀趺碑を建てた。大照院・東光寺いずれも菩提寺であり、その境内に墓を営んでいる。初代を別格として奇数代と偶数代を分けて埋葬するのは、昭穆制と言われる中国古来の制度で、いわば儒式の範疇に入る。亀趺碑と昭穆制を含めた儒式と菩提寺という仏式が融合する。

その山口毛利家だが、会津松平家や岡山池田家の場合とよく似た動きがある。三代池田吉就《いけだよしなり》の亀趺碑は東光寺に建てられることになったわけだが、儒臣の山田原欽《やまだげんきん》が吉就の東光寺開創にからんで自刃している（『毛利十一代史』第三冊）。寺の規模が大きすぎるという理由でしばしば諌《いさ》めた末のことである。吉成はこの自刃の後、寺の規模を縮小したと伝える。

以上の事例からすると、規模が問題になったようにも見える。ところが、松江松平家の事例を見てみると、それだけではないことがわかってくる。

すでにラフカディオ・ハーンに言及しつつ述べたところだが、松江松平家では、第六代の宗《むね》衍《のぶ》（天隆院）のとき墓前に長寿を顕彰するという名目で碑を建てた（寿蔵碑）。碑身は板状ではなく角柱状（碣形《けつがた》）だが、すでに述べた日本の亀趺碑一般のあり方とは違って螭首がある。趺石は亀趺であり、亀首である。

碑銘は先祖より説きおこし、宗衍の事績を称える。碑銘を撰したのは、荻《おぎ》野《の》鳩《きゅう》谷《こく》である。鳩谷は後世奇人として有名になった人物である。

縁は異なもので、この人物を研究した人は、私が日頃お世話になっていた教授であった。そもそも、鳥取大学で教鞭をとっていたころ、松江松平家の墓葬がある月照院には何度か足をはこんだことがあったが、荻野鳩谷のことを調べるにはいたらなかった。九州大学に移ったのち、これも縁があって、あらためて松江を訪れ、そのときに松江にある島根県立図書館で荻野鳩谷を調べてみた。係の人にいろいろ聞いていると、荻野鳩谷は有名な学者が論文を書いているという。それを見せてもらったら、常日頃おつきあいのある九州大学文学部の教授だった。

その教授の名は中野《なかの》三敏《みつとし》という。国文学を専門とする人である。日頃から、版本のことなどを教えていただいていたのだが、専門が違うせいか、荻野鳩谷のことまではうかがう機会がなかった。

中野の荻野鳩谷研究（「天愚雪冤罪」『文学』岩波書店、一九八七年九月）はとても役だった。以下にのべようとする推論の根拠は、すべて中野の研究で知ったものである。

鳩谷が後世奇人とされる原点は、彼が安永《あんえい》六、七年（一八七七、七八年）に「孔平《くひら》」の姓を名のり、孔子の子孫を標榜したときに始まる。父および師の死去がたがはずれるにいたった大きな原因だと見なされてきた。中野もこのことに注目している。

ところが、よく見てみれば、安永六、七年という年代には大きな意味がある。問題の安永六年は松平宗衎が隠居した年である。そして同七年には五十歳をむかえ、それを記念して寿蔵碑を建てることになった。それに刻する銘文を撰したのが荻野鳩谷であった。つまり、撰文してから奇行に走るにいたったということである。

大月如電《おおつきじょでん》撰『大月磐水《おおつきばんすい》』中の鳩谷に関する文章では、彼が主君の驕奢《きょうしゃ》をしばしば諫《いさ》めた末、自身が狂態奇行を現して主君の反省をさそい、主君が改めた後も奇行を続け、世の批判をあびたことを述べている。鳩谷は「我は君命を奉じて其《その》天性を変ぜるなり。我は君を偽らず、又我をも欺かず。身は此《この》愚境に終へんのみと、天愚《てんぐ》孔平を自称したり」と述べたと伝える。

同じ松平家として、かつて存在した会津松平家の議論はこころえていたはずである。もしおとがめがあったら、主君になりかわり変人たる自分がその責任を負う、ということである。脱藩して保科正之の墓の造営に当たった友松勘十郎に通じる措置である。山口毛利家の山田原欽《やまだげんきん》は、吉成の東光寺開創にからんで自刃していてやめさせようとした側だが、危機感を抱いたということでは共通する。

危機感をさそった原因は、神式つまり儒式にある。亀趺碑は儒式の一形式であった。

墓葬規定と遠慮

どうして儒式、とりわけ亀趺碑が問題になるのか。これは、この碑がすでに述べたように品階規定と結びついているからである。この碑を建てることが品階に関する主張を秘めることになる。

我が国の品階は、律令時代に整い、それが中世以後も形が継承された。京都の公家はこの律令官位をもち、おりに触れて武家にもこの官位を授ける。江戸幕府の下で、武家官位が再編され、大名家は三品以上の徳川氏（将軍家。御三家）と四、五品のその他の大名に格付けされるようになる。

すでに述べたように、中国皇帝の下では、唐に五品以上に亀趺碑を許すという規定があり、明も三品以上に神道碑《しんどうひ》を許すという規定を一次設け、それはやめて唐の規定を継承した。朝鮮李朝では、明で棄てられた規定を援用して二品以上について亀趺碑を許すという運用をした。

遡《さかのぼ》って高麗王朝では、高僧の塔碑に亀趺を許し、それは僧階として五品以上に認められた。

こうした経緯があるから、豊臣秀吉の朝鮮出兵以後、朝鮮李朝の情報や明や清の情報がもたらされて、唐や明、李朝の制度が我が国でも知られていたはずである。

高麗の規定については、どこまで知っていたかはわからないが、すでに述べたように、我が国江戸時代の亀趺碑は、螭首《ちしゅ》を作る例が少なく、作っても略式であるなど、螭首を作らなかった高麗塔碑に通じる特徴がある。だから、知っていてもおかしくない。

「国家安康《こっかあんこう》」の文字に難癖をつけられて滅ぼされた豊臣秀頼《ひでより》の例もある。藩の取りつぶしのネタとして、亀趺碑を使われてはたまらない。こんな思惑からだろうか、すでに述べたように、亀趺碑を建てるには、各藩は随分と気を遣っている。

岡山池田家では、三位であった輝政の墓前碑のみに亀趺碑を建てている。

福井松平家では、松平光通が大安寺を菩提寺として建立し、その建立を祝うことを名目として亀趺碑を建てている。しかし、その亀趺碑からのびた参道は、寺の建物をかすめて山の中腹にのびており、そこに代々の墓石を並べた一角がしきられた墓域がある。実質はいわゆる神通碑でありながら、名目は異なっている。

三代将軍徳川家光《いえみつ》の乳母《うば》として名高い春日局《かすがのつぼね》は、離縁したはずの夫稲葉正成《いなばまさなり》とともに、東京文京区湯島の吉祥院《きっしょういん》に墓石が建てられている［写真29］。この寺のために春日局が尽力した

29　東京都文京区湯島麟祥院亀趺碑

次第などを記した寺院碑が建てられており、これも亀趺碑である。山門を入ったところに亀趺碑があり、その前の参道をたどっていくと、正成と春日局の並んだ墓石の場所にいきつく。これも実質はいわゆる神道碑であり、名目が異なっている。

長崎県諫早市の諫早公園にある読誦大乗妙《どくじゅだいじょうみょう》典壱万部《てんいちまんぶ》之塔《のとう》は対になって二つが建てられ、いずれも亀趺碑になっている［写真30］。建てたのは七代諫早茂晴《いさはやしげはる》である。名目は読誦大乗妙典壱万部だが、その内容を見てみると、初代諫早家晴の武勲を顕彰している。これも名目が異なっている。

以上は、三品（三位）以上という規定が気になる大名の例だが、三品をもって亀趺碑を建てていたのが、すでに述べた水戸家である。歴代

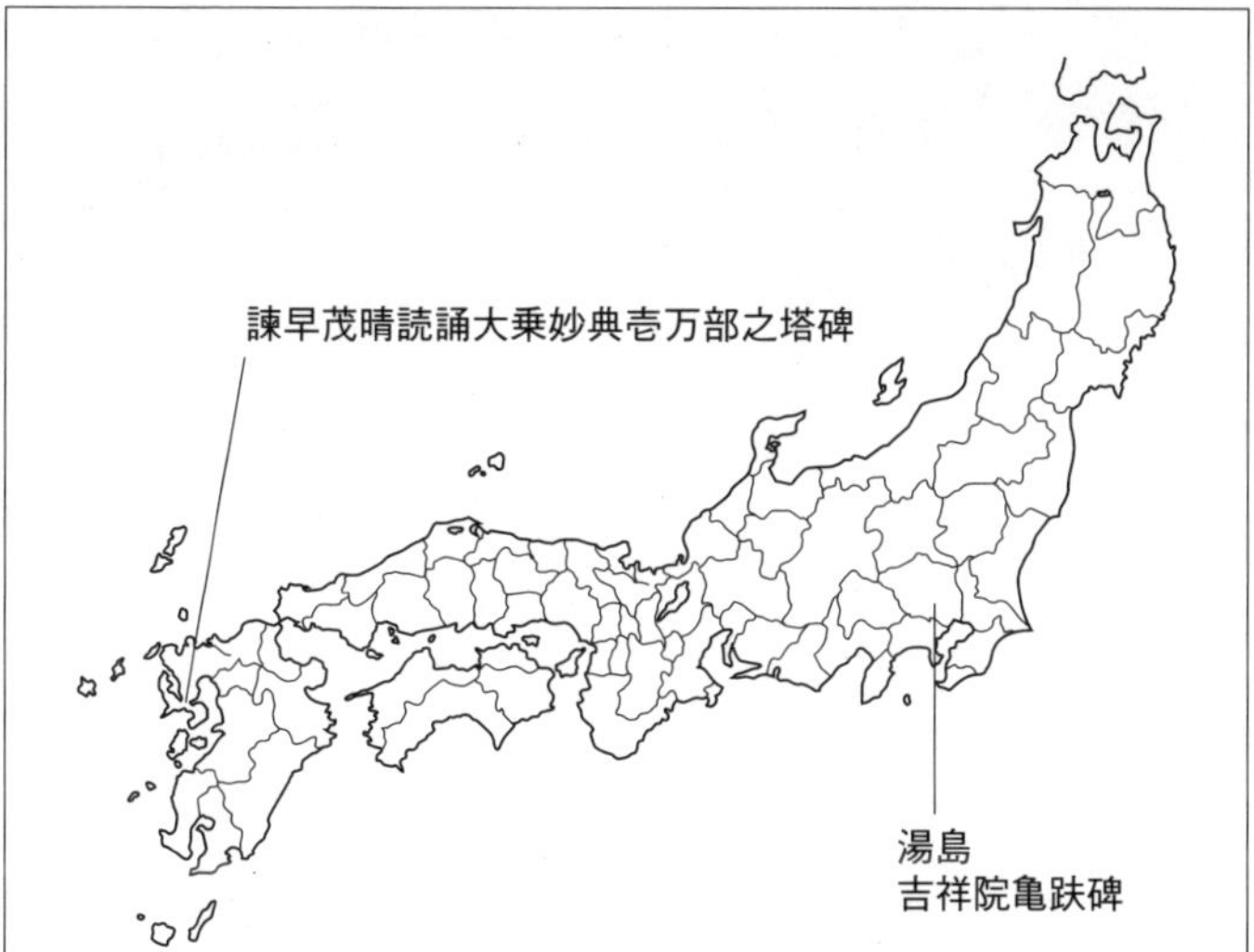

30　長崎県諫早市読誦大乗妙典壱万部之塔両碑

藩主の墓前と夫人の墓前に亀趺碑を建てている。ここでは､遠慮して建てた形跡は見られない。ということであるから、我が国では、明の規定が随分と気になったようである。それも朝鮮李朝が運用の基準とした三品以上に神道碑としての亀趺碑をゆるすという規定が､気になった。五品以上という規定のほうが明《みん》・清《しん》で定着したのだから、大名こぞって堂々と建てていいということになるのだが、三品以上、という規定にこだわっている。

この三品だが、最上位に位置するのは明の皇帝ではない。我が国の天皇である。官位は天皇から授けられる。

天皇と将軍

よく知られていることだが、日本の権力者は品階の上では一番にはならなかった。天皇の名の下に権威づけを行ってきている。江戸幕府もその例にもれず、将軍も二位であったり一位を追贈されたり、という存在であった。

国内は、これでよい。誰も一番の権力者が誰かは知っている。

ところが、これが国際関係ともなると、そうはいかなくなる。朝鮮国王と徳川将軍は同列だ、という関係を築くわけだが、李朝側からすれば、天皇の存在が気にかかる。自分が将軍と同列だということは、天皇より格下だということになる。これは容認できない。

外交上の決着は、国内関係と国際関係を分けることでつけられた。国際的には、徳川将軍が大君と称して第一の存在であることを表明する。この大君と李朝国王が対等の関係を結ぶ。国内的には、将軍が天皇の下に位置することは変わらない。

亀趺碑は品階規定がきつい石碑であった。だから、寝たはずの子をおこすようなところがある。武家官位を使って碑を建てる。武家官位が大名の格を規定しているのだから、当然である。ところが、その規定は天皇を最上位とする秩序を具体的に表現する。その亀趺碑を李朝では朝鮮国王を最上位として建てている。名目が明《みん》の太祖洪武帝《たいそこうぶてい》だけを最上位とし、歴代朝鮮国王はこれに次ぐのだが、実質は朝鮮国王が最上位である。こうした意識をもつものたちが朝鮮通信使として日本を訪れる。水戸家では徳川光圀の下で大日本史編纂が始まった。尊王の風が気になるようになる。その水戸家で堂々と亀趺碑を建てている。

こんな事情があるから、幕府としては、亀趺碑に神経をとがらせざるを得なかった。国際的にも天皇が議論されるのはまずい。国内的にも天皇が必要以上に権威づけられるのはこまる。その意向を感じたからこそ、会津松平家では保科正之の墳墓造営で悶着がおこり、友松勘十郎が脱藩して正之の墳墓造営に当たった。そのときの事情は、儒式をもって亀趺碑を建てようとする大名たちの間で情報の交換があった。あっただけでなく長らく継承された。だから、松江松平家の松平宗衍の寿蔵碑をめぐって、荻野鳩谷の奇行が始まったのである。

文人顕彰

亀趺碑は、古くから神格顕彰のために建てられた。華山《かざん》や嵩山《すうざん》、泰山《たいざん》など、天下の名山を神格としてまつる。それに通じることだが、神のように尊い人を神格として顕彰することもある。孔子廟《こうしびょう》には、この孔子を顕彰する碑が建てられた。

朝鮮李朝でも文廟《ぶんびょう》、すなわち孔子廟に亀趺碑が建てられている。

我が国では、どうだろうか。湯島の聖堂がまず気になるわけだが、ここには建てられていない。水戸の孔子廟（弘道館《こうどうかん》内の一角）にも建てられていない。しかし、佐賀県多久市の孔子廟には、大宝聖堂之碑《だいほうせいどうのひ》が建てられた。建てたのは、国家でも藩でもなく、武富一郎衛門咸亮《たけとみいちろうえもんしげあき》という個人である［写真31］。正徳《しょうとく》三年（一七一三年）であった。獣首の亀趺である。

山口の明倫館《めいりんかん》跡に建てられた明倫館記碑も孔子を顕彰したものである。山県孝孺《やまがたこうじゅ》が元文六年（一七四一年）に撰文し藩主毛利宗広《むねひろ》（六代）が建てたものと、山県禎文《ていぶん》が嘉永二年（一八四九年）に撰文し藩主毛利敬親《たかちか》（十二代）が建てたものの二基がある。いずれも獣首である［写真32］。

孔子は文人だということで、我が国の文人を顕彰する碑もできた。

兵庫県明石市の柿本人麿《かきのもとひとまろ》神社には、人麿を顕彰する碑が建てられている。林春斎《はやししゅんさい》が寛文四年（一六六四年）に撰文し藩主松平信之《まつだいらのぶゆき》が建てたものである。獣首の亀趺である［写真33］。

島根県益田市高津の柿本人麿神社にも、人麿を顕彰する碑が建てられている。碑銘に「正一

31　佐賀県多久市西渓公園大宝聖堂之碑

32　山口県萩市明倫館跡明倫館記碑

位柿本大明神」とある。菅原為璞《すがわらいはく》が篆額《てんがく》を書き藩主亀井矩貞《かめいのりさだ》が明和《めいわ》九年（一七七二年）に建てたものである。この亀趺は亀首である［写真34］。

山口県防府市天満宮《てんまんぐう》には、菅原道真《すがわらみちざね》を顕彰した大相国菅公廟碑《だいしょうこくかんこうびょうひ》が建てられている［写真35］。正徳五年（一七一五年）の建碑である。相国とは皇帝を補佐する官である。従二位までのぼりつめたことを、この官名を使って表現する。同じ天満宮でも、太宰府天満宮には、亀趺碑は建てられていない。

僧侶顕彰

高麗の影響として、すでに述べたところだが、新羅後期から高麗にかけて、僧侶の塔碑が亀趺碑として建てられた。このやり方は、同時代の我が国にも影響があり、舎利塔という調度品が亀趺塔として作られた。

豊臣秀吉の朝鮮出兵以来、当地のなまの情報が禅宗や密教の寺院に集中してもたらされたようであり、新羅後期から高麗にかけての僧侶塔碑の形状や、李朝の高官の神道碑の情報が我が国でも知られるようになった。

その結果として我が国に出現したのが、獣首の亀趺碑である。李朝前期のさらに前の高麗時代の影響が、江戸初期の我が国に及んでいる。高麗と同時期以来の我が国にある亀趺の舎利塔

33　兵庫県明石市柿本神社人麿碑

34　島根県益田市高津柿本神社柿本大明神神詞碑

35　山口県防府市天満宮大相国管公廟碑

という原物と、豊臣秀吉の朝鮮出兵によるなまの情報という二つの情報源がある。亀首の亀趺碑も含め、ほとんどの亀趺碑が碑身に螭首を表現しない、という点にも高麗の影響が認められた。新羅後期から高麗にかけての塔碑に普遍的に見られる碑身上部の表現は、我が国の亀趺碑には見られないが、碑身の表現法にはいわゆる螭首を表現しないという共通点が見られたわけである。

ということであるから、我が国にも僧侶を顕彰する碑があってよさそうだ、ということになる。そして、この期待は裏切られない。禅宗などの僧侶を顕彰する碑が亀趺碑で建てられているのである。

東京上野の寛永寺《かんえいじ》には了翁禅師碑《りょうおうぜんじひ》がある［写真36］。了翁禅師は、宝永《ほうえい》四年（一七〇七年）七十八歳で死去した人。黄檗宗《おうばくしゅう》の僧侶で各地で活動し、上野の不忍池の畔に薬屋を開き、そこで得た利益を、江戸大火の際に罹災民の救済に当てた。また経典七千巻を購入して経堂を造り、これを寛永寺に寄贈した。建碑年は未詳だが、石碑の傍らに祠堂《しどう》があり、堂内には貞享《じょうきょう》三年（一六八六年）の銘がある石造了翁坐像がある。寛永寺は将軍家の菩提寺である。了翁禅師は禅宗の僧侶だが、寛永寺は天台宗《てんだいしゅう》である。

また、長崎市今籠町大音寺《だいおんじ》には伝誉上人碑《でんよしょうにんひ》がある［写真37］。大音寺は元和《げんな》三年（一六一七年）に浄土《じょうど》僧伝誉上人が本博多町に創建し、寛永《かんえい》十五年（一六三八年）現在地に移転した。伝誉

36　東京都台東区上野寛永寺了翁禅師碑

37　長崎県長崎市大音寺伝誉上人碑

上人碑は、荻生徂徠《おぎゅうそらい》（物茂卿）が享保己亥《きょうほうきがい》（一七一九年）に撰文し、清国の光録大夫兵部《こうろくたいふへいぶ》尚書彭啓豊《しょうしょほうけいほう》の書になるものを、安永《あんえい》九年（一七八〇年）に建てたものである。住職の話では、銘文が難解なため、これを読み解くと台座の亀が動き出すという言い伝えがあるそうである。

滋賀県大津市の天台宗比叡山延暦寺《てんだいしゅうひえいざんえんりゃくじ》の瑠璃堂《るりどう》の背後には、全宗上人碑《ぜんしゅうしょうにんひ》が建てられている。全宗は詮舜とともに、信長の焼き討ちにあった延暦寺を再建した人である。瑠璃堂は、その焼き討ちの際に唯一焼け残った建物である。黄檗木菴《おうばくもくあん》が延宝《えんぽう》七年（一六七九年）に撰文し、寛政《かんせい》十年（一七九八年）に銘文が書かれ、大僧都真超《だいそうずしんちょう》により建てられた。

同寺の亀井堂跡には全宗とともに延暦寺を再建した詮舜の顕彰碑がある。詮舜阿闍梨《あじゃり》碑《ひ》である。藤原常雄《ふじわらつねお》が元文《げんぶん》二年（一七三七年）に撰文し、藤原隆英《たかひで》が寛政《かんせい》十年（一七九八年）に書し、大僧都真超により建てられた。銅張りである。

忠烈の顕彰

すでに述べたように、明《みん》の十三陵《じゅうさんりょう》では、世祖永楽帝《せいそえいらくてい》に龍趺碑《りゅうふひ》をたて、宣徳帝《せんとくてい》以後歴代に亀《き》趺碑《ふひ》（ただし無銘の碑。評価できないということ）を建てている。最後の皇帝崇禎帝《すうていてい》のみは亀趺を建てなかった。これは、永楽帝から北京を首都としての明の皇帝陵が始まり、その永楽帝を親たる龍とした場合、歴代皇帝はその子たる贔屓《ひいき》（大亀）である、という解釈による。崇禎帝は滅ぼされて皇帝ではなくなったのだから、途中までの皇帝として建ててもいいし、皇帝ではないとして建てなくてもよいということになる。後者によって建てなかったということである。

その崇禎帝は、李自成《りじせい》軍が北京に入城した際に死んだ。その際に殉じて帝の下で自ら首をくくったのが宦官《かんがん》の王承恩《おうしょうおん》である。崇禎帝の墓の近くに、王承恩の墓があり、忠烈を顕彰して亀趺碑が建てられている（九十六頁）。崇禎帝の墓前には亀趺碑が建てられなかったが、王承恩には建てられた。

この両者の場合は無論亀趺碑を建てる名目が異なっているわけだが、忠烈を顕彰する亀趺碑は、その後朝鮮や我が国で建てられるにいたる。崇禎帝の死後何年になるかという崇禎紀元（九十一頁）を用いた李朝では、当然のことと言える。興味深いのは、そのやり方が我が国にも及んでいることと、忠烈行為の対象が、以下に述べるように徳川将軍家と鹿児島藩主島津氏、そして遡《さかのぼ》って南朝《なんちょう》の天皇になっていることである。

愛知県額田郡幸田町本光寺《ほんこうじ》は、島原藩深溝《ふこうず》松平家の菩提寺である。深溝松平家は徳川家康と苦楽をともにした松平諸家のひとつである。本光寺には、この深溝松平家の祖宗紀功碑《そそうきこうひ》が建てられている。林春斎《はやししゅんさい》が万治《まんじ》三年（一六六〇年）に撰文し、松平忠房《ただふさ》が寛文十二年（一六七二年）に建てている。比較的古い亀趺碑の一つである［写真38］。徳川将軍家（将軍になる前から）

38　愛知県額田郡本光寺深溝松平家祖宗紀功碑

のための歴代祖先の忠烈を称える。

愛知県安城市安城町には、本多忠豊の忠烈を称える本多君忠豊死節碑《しせつひ》が建てられている［写真39］。一五四四年安祥城《あんじょうじょう》は織田氏に占領された。松平広忠（徳川家康の父）は安祥城を奪回するため翌年織田軍と戦い、広忠は敗れて岡崎に逃れたものの、本多忠豊はふみとどまって奮戦し戦死している。林衡《はやしこう》が寛政《かんせい》六年（一七九四年）に撰文し、本多実為《ほんださねため》が建碑している。

同市安城町には、本多忠高の忠烈を称える本多忠高死事碑が建てられている。岡崎城主松平広忠が死亡したため、今川義元は一五四九年安祥城を攻撃した。この際の合戦で松平軍の主将として戦死したのが本多忠高である。戦死した場所に建碑されている。寛政十一年（一七九九年）に林衡が撰文し、岡崎藩主本多忠典が建てた［写真40］。

以上は徳川氏（将軍家とその先祖）に対する忠烈を顕彰したものだが、鹿児島島津氏に対する忠烈を顕彰したのが、鹿児島県薩摩郡宮之城町の大徳山宗功寺《だいとくざんそうこうじ》にある島津久通祖先世功碑《そせんせこうひ》である［写真41］。島津氏は、鎌倉時代以来の古い家柄を誇る。宮之城の島津氏は、その一族である。一族の間で養子縁組がたびたびあり、宮之城島津氏初代の島津尚久（一五〇〇～一五三二年）は、幕藩体制下で大名の地位を確定させた島津義久の叔父にあたる。その宮之城島津氏が、代々島津宗家のためにはたらいた忠烈を顕彰したのが、問題の石碑であり、それは亀趺碑になっている。

39　愛知県安城市本多君忠豊死節碑

40　愛知県安城市本多忠高死事碑

41　鹿児島県薩摩郡宮之城町島津久通祖先世功碑

島津宗家と宮之城島津家の関係が、徳川宗家と深溝松平家の関係に類似している。徳川宗家と島津宗家がいずれも墓前碑としては亀趺碑を建てていないのも共通する。興味深いことである。

南朝の功臣

同じ忠烈の顕彰だが、江戸時代からさらに遡って回顧されたのが、南朝の功臣たちである。最初に顕彰されたのは楠正成《くすのきまさしげ》で、顕彰したのは徳川光圀である。

徳川光圀は、『大日本史《だいにほんし》』編纂を命じた人だが、その『大日本史』では南朝を本紀、北朝を列伝とし、南朝を正統としている。その正統のために忠烈をつくしたことを顕彰する。兵庫県神戸市の湊川神社の一角に、「嗚呼《ああ》忠臣楠子之墓《ちゅうしんなんしのはか》」という墓表が建てられた（一二二頁）。建碑は元禄《げんろく》五年（一六九二年。『水戸紀年』）である。

熊本県菊池市には、菊池武光を顕彰した亀趺碑が建てられている[写真42]。安永《あんえい》八年（一七七九年）の撰文である。地元民により建てられたようだ。同地には、菊池武重《きくちたけしげ》の顕彰碑［写真43］もある。文化《ぶんか》十三年（一八一六年）の建碑である。貞亨《じょうきょう》二年（一六八五年）には、徳川光圀の家臣佐々助三郎《さっさすけさぶろう》（助さん）が当地を訪れて調査したようであり（『嶋屋日記』）、上記の「嗚呼忠臣楠子之墓」の建碑が影響を与えているようである。ただし、「嗚呼忠臣楠子之墓」の亀趺

42　熊本県菊池市正観寺菊池武光碑

43　熊本県菊池市菊池武重碑

44　三重県津市結城神社結城神君碑

は亀首、菊池武光・菊池武重のいずれの亀趺碑も獣首である。

三重県津市の結城神社には、結城宗広《ゆうきむねひろ》を顕彰した「結城神君碑《しんくんひ》」が建てられている。文政《ぶんせい》十二年に建碑した。撰文は津坂孝綽《つさかこうしゃく》で、亀趺は亀首である【写真44】。

その他個人墓石

先に島津氏の亀趺碑に言及したが、これも興味深いのは、その島津氏の一族でありながら、島津宗家と対立して討ち死にした伊集院忠真《いじゅういんただざね》の墓石が亀趺碑で建てられていることである。しかも、これは、南朝菊池氏の亀趺碑と同じく民間で建てられたものである。

島津本家の忠恒は、伊集院氏の勢力が伸びるのを恐れて伊集院忠真の父を殺害する。これにより叛乱を起こしたのが伊集院忠真で、島津忠恒に伐たれている。

鹿児島県加治木町に伊集院源次郎忠真墓石が建てられている。元禄《げんろく》八年に造立、「新右衛門《しんえもん》敬白《けいはく》」と記す銘文である。

当地で同じころ建てられたのが桐原正左衛門《きりはらしょうざえもん》の墓石である。元禄二年（一六八九年）に師のために孝立すと記す。

同じく当地で同じころ建てられたのが江夏友賢《えなつゆうけん》の墓石である。江夏友賢（黄友賢）は島津義久につかえた易学者《えきがくしゃ》で、明人《みんひと》である。実建《じっけん》は元禄ごろだろうが、碑銘には、慶長庚戌《けいちょうこうじゅつ》（一六一〇年）七月二十三日と記されている［写真45］。

同じ名前の学者で、鳥取で墓を建てたのが、小泉友賢《こいずみゆうけん》である。因幡を対象とした江戸前期の地誌『因幡民談』の作者とされる。現行本は後補があるようである。小泉友賢の墓は、鳥取市の郊外の摩尼山にある摩尼寺の山門の近くにある。摩尼寺は、九世紀、慈覚大師が開山したと伝えられる天台宗の寺院である。ここにも密教と亀趺碑を結ぶ糸が見える［写真46］。

45　鹿児島県加治木町江夏友賢墓石

46　鳥取県鳥取市摩尼山小泉友賢墓石

まとめ

以上、三章に分かって亀趺碑のことを述べてきた。鳥取のお年寄りの質問に発した研究だったが、調べれば調べるほど奥の深い世界が広がっていることが分かった。

東アジアについては、すでに本文でも述べた「冊封体制」という言葉が有名である。これは通常中国皇帝を頂点とする国際秩序であると理解されている。徳治という言葉が使われるが、皇帝の徳は周囲の野蛮人の世界におよび、野蛮人たちは、その徳を慕ってやってくる。

その「冊封体制」だが、「冊封」というからには、「冊封」という行為がなければならない、というのが一つの理屈である。たとえば豊臣秀吉は、明朝の冊封を受けていない。しかし、国際関係をどう記録するかの段になると、日本については「日本国王」が問題になる。「天皇」は記されない。清朝のときに作られた『明史』では、日本には「故王」がいる、とした上で、その下のもっとも高い身分の者は「関白」と称すると述べ、信長や秀吉に言及している。実際に「冊封」があろうとなかろうと、記録を作る段になると、「冊封」がなされた場合の体制が問題になる。

江戸幕府も、清朝の冊封を受けなかった。それだけでなく、当の日本の側には、「天皇」が存在し、その天皇を「皇帝」と記した碑銘もある。会津藩初代保科正之の神道碑銘である。

杓子定規に説明すると、見えなくなる事実は相当多くなってしまう。「冊封」が行われても、「冊封」を受けた側の意識が「冊封」をした側によって規制されるわけではない。「須明楽美御徳」を和訓で読めば「すめらみこと」となる。これは天皇のことである。遣唐使が唐にもっていった国書には、この名が記されていた。日本では、律令がすでに定まり、みずからを「中国」と自認し、唐を「隣国」と称する。遣唐使は「隣国」への書状を持参した。これを受け取った唐の側は、蛮夷の国王が皇帝に書状を送ってきたと「解釈」し、返書には「日本国王須明楽美御徳」と記した。唐の側では、日本との間に「冊封」関係が構築されていると考えており、日本の側では、そうは考えていない、ということである。

本書は、以上のことも念頭にあって、「冊封」という行為の有無を議論することはさけた。それを議論すること自体意味がないと言っているのではなく、それはそれで別に議論すればいいと思ってのことである。

本書であつかったのは、自分を第一とみなす自己中心的論理である。軍事・経済・文化などを議論して、優劣を論じれば、別の切り込みができるかもしれない。しかし、使い方を間違えると、古今を問わず「軍事がすべて」という説明にもなりかねまい。その点を論じるのでなければ、慎重さが要請されよう。このことも本文中に述べた。

自己中心的論理によって理解された野蛮人だが、実際やってくる野蛮人はというと、これもいろいろである。先進的な武器をもってやってきた西洋人たちの事例もある。中国の海岸を荒らし回って倭寇と称された人々もいる。戦争になることも少なくない。徳を慕ってやってきた、などとは言っていられない現実がある。理念と実際は違う、という事例のオンパレードだったに違いない。

野蛮人に征服されてしまうこともある。西洋人は、漢字圏にも植民地を作り上げている。さかのぼっても遼や金や元の事例がある。そうなると、今度はその野蛮人たちがみずからを頂点とする体制を築いてしまう。

その遼や金や元は、中国王朝が支配していた地域を支配したので、それらを頂点とする体制や理念は、理解されやすい形で提供されている。しかし、一般的に言えば、周辺国の主張や理念は、理解されやすい形では提供されていない、というのが現状である。「周辺国」の人々自体、みずからを頂点に据えた過去の体制や理念を知らないことも多いようだ。

ところが、ちょっと調べてみれば、我が国の律令時代における華夷観《かいかん》（中華・中国と夷狄の別を論じる）はわかる。すでに述べたように、みずからを「中国」と規定していた。中国皇帝からすればあってはならぬことである。同様に朝鮮王朝において、中国皇帝ではなく朝鮮国王を頂点とする考えがあり、その考えに沿って亀趺碑が建てられていた事実も、中国皇帝からすればあってはならぬことである。江戸時代の将軍も、朝鮮国王からすれば同等とは扱えなかった。「将軍」と「王」は同等にはならない。幕府では、対外的に将軍を「大君」と称し、朝鮮国王と同等であることを認めさせたが、その「大君」が実は「将軍」で、「天皇」の一臣下だという国内的事実は、「大君」と同等とされる朝鮮李朝の国王から見れば危険このうえないことであった。

お互いに知らぬふりをする、というのが賢い方法となった。賢くない方法をとろうとすれば、どうしても外交がぎくしゃくする。

お互いに知らぬふりをしながら、それぞれの思惑で建てられたのが亀趺碑であった。中国歴代王朝の下では中国皇帝の下の規定、朝鮮歴代王朝の下では朝鮮国王の下の規定があった。日本では江戸時代に亀趺碑が建てられたわけだが、頂点に位置づけられたのは、天皇であった。それぞれが「中国」などと自認する特別地域の身分的序列を、具体的な「形《かたち》」にするモノである。

地域が違えば「特別地域」も違う、という言わば当然のことを本書で問題にしたわけだが、同様の違いは、同じ地域でも時代を異にすれば違うものであった。

同じ中国皇帝の下、といいながら、中国王朝それぞれに亀趺碑の建て方が異なっている。同じ王朝ですら違いが見られる場合もある。明では太祖光武帝の規定と、後に自立して政権を樹立した永楽帝以後の規定が異なっていた。北京の明の十三陵では、永楽帝を頂点とする「形」、つまり、世祖永楽帝の墓前に龍趺（立てたのは清朝だが）、一代おいてその後の歴代皇帝の墓前に亀趺の碑を建てている。このことをよく理解していた朝鮮李朝が、自らを頂点におくべく利用した（明で放棄された洪武帝時代の規定を使いつづけた）ことも、本書に述べたところである。

時代や時期を異にすれば違うというのは、その朝鮮王朝でも同様で、新羅の武烈王が建てた亀趺と、新羅末から高麗にかけての亀趺は建て方自体が異なっている。高麗では、亀趺碑を許される品階が僧階として定まり、頂点には高麗王がいた。

異にするという点で言えば、時代や地域だけでなく、それぞれの地域が問題にする「特別領域」の大小にも違いがある。その違いが、亀趺碑の建て方に直接的に関わっている。日本では、都市国家に相当する藩が主体となって日本という国家を語り、正統を議論している。その結果が亀趺碑の建て方に反映された。日本の場合、亀趺碑の建て方は藩ごとに違う。日本を支える第一の藩はどこかが問題になっている。朝鮮王朝では、亀趺碑の建て方を規定したのは、歴代の王朝であった。その王朝で正統が議論された。中国でも、議論の場は歴代の王朝であったわけだが、その王朝が「中国」や「中華」をもって自認する領域は広大である。戦国時代に史上初めての領域国家、つまり地方を官僚統治し文書で行政を運営する国家ができあがったときは、日本や韓国なみの国家領域が問題にされたのだが、当時の漢字圏、つまり天下が統一された結果、特別領域はいっきに拡大されて当時の天下に等しくなった。後に漢字圏はさらに拡大されて日本や朝鮮王朝やベトナム王朝も加わったのだが、始皇帝によって統一された漢字圏を王朝の国家領域として特別にみなして現在にいたる。

すでに述べたことだが、中国の歴史をひもとき、考古学の知見を援用しながら、発展の過程をたどってみると、①村が普遍的に存在した時代、②比較的大きな都市（小国）が中小の都市や村を支配する時代、③小国を大国である都市がまとめあげる時代、④大国が中央となり小国を県として領域統治する時代、という四つの時代を経ていることがわかる。最後の④の時代にいたったのが戦国時代で、いくつかの王国が覇を競った。それを統一したのが秦の始皇帝である。

③の時代の大国が睥睨《へいげい》した地域は新石器時代の文化地域以来の伝統がある。地勢によって規制された地域だからである。この地域は、統一の後も陰に陽に中国の歴史を規制する。漢の時

代に置かれた監察機関の州は、問題の伝統ある領域をひきつぐもので、その領域を分割統治する意味をもった郡を監察の名の下にまとめなおすものであった。同様の領域は、六朝時代には都督諸州諸軍事という官職が軍区として支配している。この州は、かつての州が小さくなってかつての郡規模にまでなってしまったものである。それを複数まとめて軍事的支配下におく。

中国では、こうした新石器時代以来の伝統をもつ領域ごとに亀趺の建て方が違うということはなかった。この伝統ある地域が独自性を発揮する場は別にあった。その伝統ある地域の下には、これも伝統ある都市国家の末裔たちがある。この都市国家の末裔が独自性を発揮する場も別にあった。

これに対し、朝鮮王朝で亀趺碑を建てる際、違いが問題になる領域は、中国でいえば戦国時代の領域国家の国家領域に相当する領域だったわけである。朝鮮王朝でも、その下には中国でいえば都市国家の末裔に相当する地域がある。それらが独自性を発揮する場は別にあった。

日本では、都市国家に相当する藩が、亀趺碑の違いが問題になる領域であった。

誤解をさける意味で贅言しておけば、中国や韓国において、我が国の藩に相当する地域的独自性が問題にならない、ということを述べているのではない。亀趺碑というモノを通してみると、国家ごとに違いがあるようだと述べたまでである。

さらに言えば、亀趺碑はベトナム王朝の下でも作られている。学生時代に目を通した『Viet

Nam』という雑誌の中に、阮朝ハノイに建てられた景興三十六年（一七七五）の進士碑が紹介され、亀趺碑であった（一九七六年一一期）。近年、ベトナムを訪れた友人たちからも、たくさんの亀趺碑があるとの報告を受ける。しかし、ベトナムにおける亀趺碑の実態は、何もわかっていない。

問題の亀趺碑は、北アジアにもある。いまは故人となったわが東洋文化研究所の名誉教授江上波夫がまだ元気なころに、いつもの立て板に水の調子でその話題の提供を受けたことがある。先輩筋に当たる林俊雄（創価大学教授、北アジア史）から、写真の提供を受け、ちゃんと調べるよう激励されたこともある。その後、調査が進み、突厥碑文を支える亀趺が報告されている。川又正智《かわまたまさのり》国士舘大学教授（考古学）からは、ハバロフスクに立つ亀趺碑の写真提供を受けた。清のもののようである。清朝は台湾を征した後、満文（満州文字）による九基の亀趺碑を建てている（台南の赤嵌楼に現存する）。

その他ウェブサイトを見ていて、未知の亀趺に出会うこともあるが、本書で述べた内容に沿って理解できるようだ。

わからないことだらけだが、亀趺碑が中国に起源するものであることは確かであり、かつ皇帝の下の位階と密接に関わりつつ規定され、周辺各国が、その中国皇帝を意識しながら、それぞれの国内の正統やその作り出す「形」にめくばりしつつ建てた、とだけは言えそうである。

ベトナム王朝における亀趺碑は、どのように意味づけられたのか、北アジアにおける亀趺碑は、誰によっていかなる意味づけがなされたのか、こうした将来の課題には、それぞれの国家ごとの特徴を視野においた検討が必要である。

さて、私は、多くの時間をさいて、中国の紀元前の歴史を研究している。その研究史をたどっていくと、江戸時代の学者も問題になってくる。われわれは、陰に陽にその影響を受け継いでいる。しかし、江戸時代の亀趺碑の建て方、朝鮮李朝の亀趺碑の建て方、中国清朝の亀趺碑の建て方が、それぞれ違っていて、その違いを作り出す場が違っていそうだという点からすると、国が違っていても同じ研究者だ、などと安易な前提で対処していると、思わぬ落とし穴にはまりそうである。必要以上に違いにこだわることは、共通の場すら軽視することになって、かえって危険だが、違っている場合があるという認識をもちながら、注意を喚起することは、重要なことである。

研究史の中に独自な部分があるということであれば、構想される中国古代の歴史認識にも違いが生じよう。

漢字は殷や周という都市国家を場とする時代から、春秋戦国時代に天下を場とするものに変わり、隋から唐のころにさらに周辺国を巻き込んだ場で使われるようになった。殷や周は、それぞれの都市国家の末裔だけのものではない。戦国時代の領域国家の末裔だけのものではない。

統一帝国の末裔だけのものではない。いまや、東アジア漢字圏だけのものではない、と言わねばならないのかもしれない。中国古代は、さまざまなレベルで共通の遺産である。しかし、人間の思考には限界がつきものである。同じ地域でも、また同じ国家でも、時代によって異なる常識が存在したらしい。ということであれば、東アジア各国のみならず世界の学者を含めての、さまざまな末裔たちの構想する古代史認識を比較する中から、歴史を再構成する作業を緻密化する上での実りある作業がもたらされよう。そこに、われわれ日本人の中国古代研究の意味を見いだすことができ、また、われわれ日本人の研究史をさかのぼって確認する意味も見いだせる。そんなことを考えている今日この頃である。

＊　本書は、科学研究費補助金「基盤研究Ａ：我国伝統中国学の独自性を発信するためのシステム開発」課題番号 13301019 による研究成果の一部である。

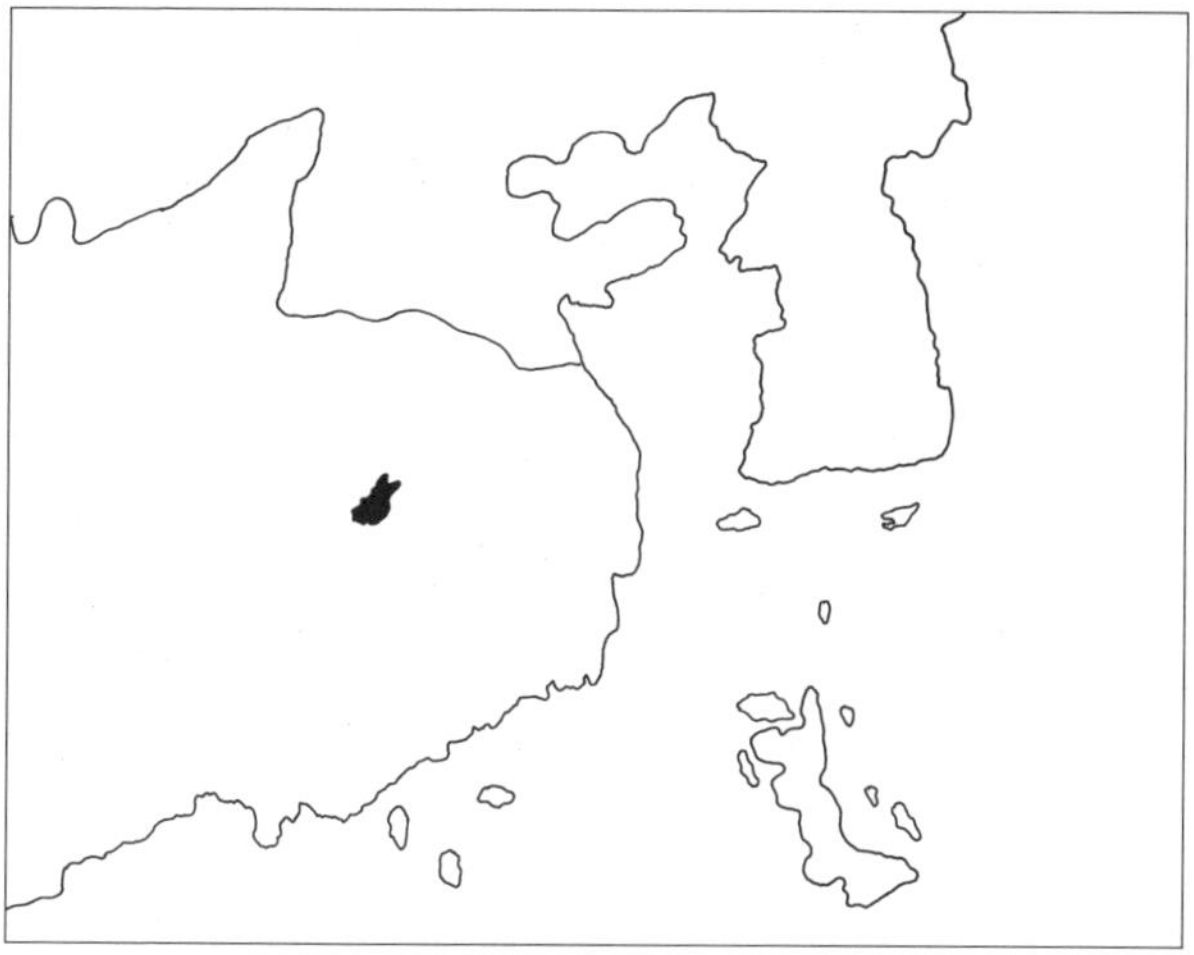

朝鮮半島が大きな地図もある
龍谷大学蔵 混一疆理歴代国都之図（1402）をもとに作図

日本が大きな地図もある
神戸市立南蛮美術館蔵　世界図屏風（江戸初期）をもとに作図

資料編

本書は、かつて発表した論文「日本近世の亀趺碑——中国および朝鮮半島の歴代亀趺碑との比較を通して——」・「同続」(『東洋文化研究所紀要』121・122、1993年)をもとに、新たな視点を加えて書き直したものである。ただし、ご紹介した亀趺碑は、2、3の例外を除いて、その論文ですでに紹介したものになっている。その後、知人などを通して得られた情報がある。また、近年検索が容易になったウェブサイトを閲覧していると、亀趺碑に関する紹介がなされているのに出会うこともある。情報提供という点からすると、それらを加えておいた方がいいかとも考えたが、いずれも実見していないし、また、紹介のための資料も不足しがちであるので、割愛することにした。興味関心がおありの方は、本書において論じた枠内で説明可能か、ご検証たまわれば幸甚である。

以下、日本・中国・朝鮮半島に分け、収集しえた資料を列記しておくことにする。

日本の江戸時代の亀趺碑および資料一覧

以下、説明に際しては、墳墓や墳丘の前にある碑を「墓表」、墳墓・墳丘の上に置かれたものを「墓石」と表現して示す。岡山池田家の場合のように、上記の意味における「墓表」・「墓石」以外に、碣（角柱）の碑を建てて「墓表」と表現するなど、その藩特有の言葉の用法もあるので注意されたい。墓からのびた参道（中国でいう神道）にたてる碑を「神道碑」と表現する。

資料につけた符号や略号等には、以下の意味がある。

$……碑銘全文掲載資料
*……図版掲載資料
亀長……亀趺鼻先～尾の長さ（概数）
碑身……亀趺上中央高（概数）

以上、亀長・碑身は資料名・提供者名併記のもの以外、私が簡単に計測したもの。

亀趺頭部・首部の形式……亀首か獣首かを注記
碑身……板状か碣状かを注記。碑身上部に螭首や蓋があるかどうかとその種類を注記
亀趺前面と碑正面の関係……碑正面に向かって左か右かについてのみ注記

［墓前碑］

以下の二例は、我が国における亀趺碑の出現を語る参考例であり、

亀趺碑そのものではない。

●茨城県古河市所在古河藩永井家墓地内右近太夫永井月丹居士碑

銘文の中に「亀趺」のことが書かれている。

史料：$『羅山先生文集』（版本の他、1918・二平安考古学会活字版）巻41碑誌上・右近太夫永井月丹居士碑銘及び右近太夫永井月丹居士石表詞

●愛知県瀬戸市定光寺内霊亀岩（尾張徳川家初代義直廟前）

高台の墓地から降りてきたところに庭園があり、そこに霊亀岩がある。亀趺碑がおかれてもおかしくない置き方になっている。

資料：太田正弘『定光寺誌』（栄泰印書館 1985.3）

［大名墓前碑1：複数代に亀趺碑を建てたもの］

●1）茨城県常陸太田市所在水戸徳川家瑞竜山墓地歴代藩主および正室の墓表

瑞竜山と称される墓域には、二つの山があり、それぞれ歴代の藩主の墓が営まれている。向かって右の山に作られた墓でもっとも高い場所にあるのが初代頼房のもの。向かって左の山に作られた墓でもっとも高い場所にあるのが第二代光圀のもの。二つの山すそが接する場所に明人朱舜水の墓が営まれており、その墓の前に前方後円の池が作られている。

当地の墓表は、亀趺碑として墓正面におかれ、その亀趺（の亀）が墓に向かって左向き（西向き）になっている。その背の上に正面を向いた板状の碑身が立てられている。

史料：石川慎斎『水戸紀年』（『茨城県史料・近世政治編Ⅰ』所収、1970 年 12 月。慎斎の起稿は文政九年（1826）、脱稿は翌年３月）・$『瑞竜山碑文集』（彰考館文庫本）・『神亀霊感記』（彰考館文庫本。信慶写、年次なし。信慶は寛文頃の人）

資料：関野貞『日本の建築と芸術』上（岩波書店、1930.6.15）60 頁；近藤啓吾『儒葬と神葬』（国書刊行会、1990.9）］

全て墳墓正面に碑を建てて表石とする

亀趺形式は★を付した獣首。☆を付した亀首を意識したものもある。

板状碑身：碑首は藩主が天禄辟邪首（初代頼房のみ獅子首。この天禄辟邪は伝説の獣で、岡山池田輝政墓表●５）のものとは表現が異なる）、正妻は獅子首

亀趺前面は碑正面（墓正面）に向かって左

墓石はなく小型墳丘を造り、藩主は馬鞍形（馬鬣封）、正室は円錐形（通称馬蹄封）

★初代頼房（故水戸侯正三位権中納言源威公）：碑陰孝子光圀 1661 寛文１（碑陰に「立」と記される。以下同じ）

★初代側室（靖定太夫人、光圀生母）：碑陰孝子光圀 1661 寛文１「立」

★（☆亀首風に顎を突き出す）二代光圀（故権中納言従三位水戸源義公）：碑陰孝子綱条 1701 元禄 14「立」

★二代正室（哀文夫人）：碑陰 1658 万治１

★（☆亀首風に顎を突き出す）三代綱条（故権中納言従三位水戸源粛公）：碑陰孝子宗尭建 1718 享保３葬

★（☆亀首風に顎を突き出す）三代正室（荘恵夫人）：碑陰孝孫

鶴千代麻呂建 1732 享保 17 葬

★（☆亀首風に顎を突き出す）三代世子吉孚（故従三位行右近衛権中将水戸世子源恭伯）：碑陰源宗尭 1721 享保６葬

★（☆亀首風に顎を突き出す）四代宗尭（故参議従三位左近衛権中将水戸源成公）：孝子鶴千代麻呂建

★四代正室（純懿夫人）：碑陰孝子宗翰：碑陰孝子源宗翰建 1746 延享３葬

★（☆亀首風に顎を突き出す）五代宗翰（故参議従三位左近衛権中将水戸源良公）：碑陰孝子治保 1767 明和四建

★五代正室（端懿太夫人）：碑陰哀孫源治紀謹誌 1808 文化５葬

★六代治保（故権中納言従三位水戸源文公）：碑陰哀子治紀謹誌 1805 文化２葬

★（☆亀首風に顎を突き出す）六代正室（正礼夫人）：碑陰水戸侯源治条建 1871 天明１葬

★七代治紀（故参議従三位左近衛権中将水戸源武公）：碑陰哀子斉脩謹誌 1816 文化 13 葬

★（☆亀首風に顎を突き出す）七代正室（恭穆夫人）：1794 寛政６葬

★八代（水戸源哀公）：碑陰哀子紀教謹誌 1829 文政 12 葬

★八代正室（孝文夫人）：1853 嘉永６葬

★九代（故権中納言従三位水戸源烈公）：碑陰哀子慶篤謹誌 1860 万延１葬

明治のものだが★九代正室〈文明夫人〉：1893 明治 26 葬のものあり。また本来烈公墓表に使用される目的で建造され廃棄された亀趺が、墓守の幸翁尼子君＜文久２卒＞に下賜され、現在瑞竜山墓地内の幸翁尼子君碑の脇に置かれている。

★十代（故権中納言従三位水戸源順公）：碑陰哀子昭武勤誌 1860 万延１葬

★十代正室（順貞夫人）：1856 安政３葬

明治のものだが★（☆亀首風に顎を突き出す）十代継正室〈恵懿夫人〉：1886 明治９葬

●２）福島県耶麻郡猪苗代町土津神社所在土津霊神之碑及び同県会津若松市所在会津藩松平家歴代の神道碑

初代保科正之の墓は猪苗代湖畔に作られ、神社が建てられている。いわゆる儒式を取り入れた神式の墓葬である。神社の背後の山に向かって参道が造られ、その奥に正之の墳丘が作られている。巨大な円墳の頂上に墓石がある。「鎮石」（しずめいし）と称され、八角柱であり、台石と蓋石をもつ。墓正面に墓表があり、正面に参道が直線状にのびる。

第二代以後の藩主は、会津若松市内に墓域がある。

史料：『家世実記』、＄相田泰三『土津霊神碑文謹解』（福島県耶麻郡猪苗代町土津神杜頒布）、＄相田泰三『会津松平氏墓碑銘和解』（会津保存会、1963.12）

資料：塩谷七重郎『保科正之公と土津神杜・その影響と治蹟』（土津神杜、1988.11）、近藤啓吾『儒葬と神葬』（国書刊行会、1990.9）

第二代保科正経を除き、円墳を築き墳上に鎮石を置く。墳前に墓表（方趺）を建て、墳丘に向かって右側に神道碑（亀趺）を建てる

亀首・碣状碑身に木製屋蓋

亀趺前面は碑正面（神道に向かう）に向かって左側（墳墓に向かう）

☆初代保科正之（土津ハニツ霊神之碑「中将之任宜従勅命乃拝、累叙従三位又辞」）：山崎嘉撰文「延宝２年（1674）之秋鐫石立碑」：墳墓と神道碑の間に土津神社の社殿

二代保科正経（侍従筑前公）神道碑（横田俊益撰文）は方趺蓋石。墓石（仏式）を建て墳丘を造らず。

☆三代松平正容（徳翁トコオ霊神碑「正四位下左近衛権中将兼肥後守源公」）：1733 享保 18 林信充撰文

★四代松平容貞（土常ツチトワ霊神碑「従四位下左近衛少将兼肥後守源公」）；1759 宝暦９林信言撰文

☆五代松平容貨（恭定ユウシズ霊社碑「正四位左近衛中将肥後守源公」）：1810 文化７林衡撰文

★六代松平容住（貞昭スミテル霊社碑「従四位侍従肥後守松平公」）：1810 文化７林衡撰文

☆七代松平容衆（欽文アキサト霊社碑「少将欽文公」）：1829 文政 12 林衡撰文

☆八代松平容敬（忠恭マサオ霊社碑「正四位中将肥後守松平源公」）：1860 万延１林昇撰文

●３）鳥取県岩美郡国府町池田家歴代の墓石

ここの亀趺碑は墓前碑ではなく位牌風の墓石である。国府町にある墓域に作られている。

資料：西尾護『国府の石碑』（西尾発行＜鳥取県岩美郡国府町

268 ＞、1985.4.29）

亀趺は獣首：板状碑身（位牌形）で上部は円首（という碑身の形式）

★初代光仲（興禅院殿因伯刺史俊翁義剛大居士）〔*『国府の石碑』79 ～ 84 頁〕

亀長 213cm 碑身 279cm

碑陰「故因伯両州城主兼相州刺史羽林次将松平仲公碑銘」・1693 元禄 6 薨

初代光仲の祖父は正三位池田輝政→●4）

第二代綱清墓石は方趺（亀趺でなく通常の台石）円首：碑陽「前因伯両州大守羽林次将源朝臣」・碑陰清源寺殿良宗常温大居士・1711 正徳 1 薨

★三代吉泰（天祥院殿故因伯刺史機運衍応大居士）〔『国府の石碑』86 頁〕：碑陰「中太夫羽林次将源朝臣」・1739 元文 1 薨

★四代宗泰（大広院殿故因伯刺史義山衍隆大居士）〔『国府の石碑』87 頁〕：碑陰「前中太夫拾遺源朝臣」・1751 延享 4 薨

★五代重寛（岱岳院殿故因伯二州牧祥雲洪沢大居士）〔『国府の石碑』87 頁〕：碑陰「中太夫羽林次将源朝臣」・1783 天明 3 薨

★六代治道（大機院殿故因伯刺史賢翁紹雄大居士）〔『国府の石碑』87 頁〕：碑陰「前中太夫拾遺源朝臣」・1798 寛政 10 薨

★七代斉邦（直証院殿故因伯鎮主徳応義栄大居士）〔『国府の石碑』88 頁〕：碑陰「四位下待従源朝臣」・1807 文化 4 薨

★八代斉稷（耀国院殿峻徳光隆大居士）〔『国府の石碑』88 頁〕：碑陰「故因伯両国主従四位上左近衛権中将源斉稷朝臣」・1830 文政 13 葬

★九代斉訓（瑞徳院殿智覚良温大居士）［『国府の石碑』88 頁］：碑陰「故因幡伯耆国主従四位上左近衛権少将源斉訓朝臣」・1841 天保 12 葬

★十代慶行（正国院殿純徳玄明大居士）［『国府の石碑』88 ～ 89 頁］：碑陰「故因幡伯耆国主従四位下左近衛権少将源慶行朝臣」・1848 嘉永 1 葬

★十一代慶栄（栄岳院殿穆雲光沢大居士）［『国府の石碑』89 頁］：碑陰「故因幡伯耆国主従四位上侍従源慶栄朝臣」・1850 嘉永 3 葬

●4）山口県萩市東光寺、毛利家三代吉就以来奇数代藩主の神道碑

山口毛利家の墓は、初代藩主と偶数代藩主が萩市内の大照院に作られ、三代以後の奇数代藩主の墓が東光寺に作られている。中国で古くから議論されてきた昭穆制を取り入れたやり方である。東光寺に亀趺碑が存在し、大照院には神道碑（参道の碑）がない。いずれの墓地も藩主の墓が横一列に並び、参道が前の広場に伸びる。広場の参道の間におびただしい数の灯籠がおかれている。広場の手前で参道は一つになり、寺の山門にのびる。

資料：$『毛利十一代史』（毛利家蔵版として 1908.7.27 発行〈非売〉。1972.3.25 復刊、名著出版〈東京〉。以下に示した頁数は復刊本のもの）］

亀趺形式は★獣首☆亀首が混在

板状碑身：螭首

★三代毛利（防長［周防・長州］両州大藩主大江）吉就［『毛利

十一代史』3冊381～384頁]

亀長152cm碑身218cm：住侍敦高泉1694元禄7撰文：碑銘「出平城天皇之後……」

☆五代毛利（防長国主従四位下拾遺大江朝臣）吉元［『毛利十一代史』5冊738～743頁]

亀長158cm碑身214cm：住持竜統棟1731享保16撰文：碑銘に先祖を顕彰しない

☆五代吉元世子（佐渡守大江）宗元公成徳碑［『毛利十一代史』5冊426～429頁]

亀長137cm碑身202cmm：住持寂竜巌1722享保7撰文：墓石無し：碑銘に先祖を顕彰しない

☆七代毛利（長防国主従四位下行式部大輔兼左近衛兼少将大江朝臣英霊公）重就［『毛利十一代史』8冊111～116頁]

亀長159cm碑身218cm：住持翠山栄寛政一撰文：碑銘「其先出平城天皇世以文学為名卿……至洞春公奄有十州覇於西州」

★九代毛利（長防二州大官令四品拾遺補闕大江朝臣……靖恭公）斉房〔『毛利十一代史』9冊254～258頁]

亀長157cm碑身218cm：住持衍操大愚1810文化7撰文：銘文「其先出自平城天皇世以文学為名卿……洞春公覇西諸侯」

★十一代毛利（従四位上行大膳大夫兼左近衛権少将長防国主邦憲大江公）斉元［『毛利十一代史』10冊510～515頁]

亀長157cm碑身220cm：第十五代衍操大愚天保7撰文：銘文「其系出於平城天皇参議公音人以降世以文学為帝師……至贈三位洞春公諱元就」

「大江朝臣」を最初に称した大江音人は従三位（『寛政諸家譜集

成』４輯）
初代藩主元就も三位

［大名墓前碑２：特定の大名個人に亀趺碑を建てたもの］
［墓前碑］

●５）岡山県和気郡和意谷所在池田家墓地池田輝政の墓表

史料：斎藤一興『池田家履歴略記』（日本文教出版、1963.7。斎藤一興は岡山藩士にして文政６年没）
資料：谷口澄夫『池田光政』（吉川弘文館人物叢書、1961.12）：＊岡山県史編纂委員会編『岡山県史』（岡山県発行、1984.3.31）69頁
亀長277cm 碑身272cm：碑陽「参義正三位源輝政卿」
獣首亀趺：板状碑身・天禄辟邪首（碑身の上部の首に天禄・辟邪という伝説の獣が表現される。水戸徳川家●１）のものとは表現が異なる）
墓は上円下方墳で、その前に亀趺碑がある。亀趺は墓正面におかれるが、墓に向かって右を向くようにおかれ、その背に碑が正面を向くよう建てられる。
墓正面から向かって右手に別の碑が建てられている。方趺（普通の台石）で蓋石のある碣（角柱）で、「表」と称し、事績を記す。
第二代藩主以降、墳丘は同じだが、墓正面のいわゆる「墓表」は方趺円首（碑身の首の頂点が丸いつくりで、首の部分に作られる螭首などの表現がない）であり、当地でいう碣の「表」

は、初代と違って、墓に向かって左手に建てられる。

[大名の墓石]

以下は墓前の碑ではなく、墓石として亀趺を作り出したものである。

●6）東京都墨田区向島弘福寺所在鳥取若桜藩池田定常の墓石

資料：*河原芳嗣『江戸・大名の墓を歩く』（六興出版、1991.8.25）257・258頁
獣首の亀趺：碑身は碣状（角柱状）
池田定常は鳥取池田藩の支藩である若桜藩の藩主である。文人としても名高いので、文人顕彰の碑として扱ってもよい。

●7）栃木県宇都宮市英巖寺所在戸田忠恕の墓石
資料：*宇都宮市教育委員会教育課『宇都宮の旧跡』（宇都宮市教育委員会発行、1989.3.25）7・8・11頁
戸田忠恕は宇都宮藩主で1868慶応4薨。武人として顕彰されているので、武人顕彰碑として扱ってもよい。
獣首亀趺：碣状碑身・円首

[その他個人の墓石]

●8）鹿児島県加治木町所在桐原正左衛門の墓石

資料：$*加治木町編『加治木郷土史』（加治木町発行、

1966.3）329～330頁
碑銘「直室了心居士桐原正左衛門墓、元禄２〈1689〉己巳天２月７日為師孝立」
獣首亀趺：板状碑身

●９）鹿児島県加治木町所在黄（江夏）友賢の墓石

資料：＄＊加治木町編『加治木郷土史』（加治木町発行、1966.3）331頁
碑銘「黄翁環渓先生江夏氏墓、慶長庚戌〈1610〉７月23日」：実建は元禄ごろか
獣首亀趺：板状碑身

●10）鹿児島県加治木町所在伊集院源次郎忠真墓石

資料：＄＊加治木町編『加治木郷土史』（加治木町発行、1966.3）332頁
碑銘「心香安庵主伊集院源次郎殿墓、元禄８〈1659〉乙亥６月25日此石塔造立、新衛門敬白」
獣首亀趺：板状碑身

●11）鳥取県鳥取市覚寺摩尼寺下所在小泉友賢墓石

資料：森納・安藤文雄『因伯杏林碑誌集釈』（森・安藤発行＜鳥取市＞、1983.2.10）172～178頁
孝子小泉俊益建：銘「元禄４〈1691〉逝」

獣首亀趺：板状碑身・円首

亀趺の背筋に沿って板状碑身が乗っている。亀趺全面は碑正面の右側

［その他の顕彰碑］

［古の文人を顕彰するもの］

● 12）兵庫県明石市柿本人麿神社所在柿本人麿顕彰碑

資料：$関谷真可禰『人麿考』（東陽堂、1907.7）58～60頁・明石市教育委員会『ふるさとの道をたずねて』（1972.4.1）

明石藩主松平信之建：林春斎1664寛文４撰文

獣首亀趺：板状碑身・螭首

亀趺の背筋に沿って板状碑身が乗る。亀趺前面は碑正面の右側

● 13）島根県益田市高津柿本神杜所在柿本大明神神詞碑

資料：$関谷真可禰『人麿考』（東陽堂、1907.7）63～65葉・*伊藤菊之輔『石見の石造美術』（伊藤発行、1968.12.25）、50・51頁

碑銘「正一位柿本大明神」：亀長175cm碑身228cm

菅原為璞篆額：藩主亀井矩貞（朝散大夫能登守源朝臣）1772明和９銘建

亀首亀趺：板状碑身・螭首

●14）山口県防府市天満宮所在大相国管公廟碑

資料：重田忠治『防府地方碑文集』（1934.8 調査）3～5頁
1715 正徳5銘建
獣首亀趺・円首

［僧侶を顕彰するもの］

●15）東京都台東区上野寛永寺所在了翁禅師碑

獣首亀趺：碣状碑身

●16）長崎県長崎市今籠町大音寺所在伝誉上人碑

資料：$長崎市小学校職員会『明治維新以後の長椅』（重誠舎、1925.11.10）21章609頁・長崎市役所『長崎市史』（前田勝雄、清文堂出版、1938.4.8・1967.8.31 再刊）地誌編 121～122・138～142頁・*『長崎手帖』（長崎手帖社、1959.4.15）18号13頁
亀長 281cm 碑身 252cm〈数値は九州大学名誉教授故中村質氏提供〉
獣首亀趺：享保己亥 1719 物茂卿（荻生徂徠）撰文・清国光禄大夫兵部尚書彭啓豊書・1780 安永9建（『長崎市史』）
獣首亀趺：碣状碑身

●17）滋賀県大津市比叡山延暦寺瑠璃堂背後所在全宗上人碑

資料：$天台宗典刊行会『天台宗全書』24巻（1974.5.10再刊）
東塔五谷堂舎並各坊世譜
1679延宝7黄檗木菴撰文：1798寛政10書：天和一造立：大僧都真超建
獣首亀趺：板状碑身・螭首・亀趺前面と碑正面一致

●18）滋賀県大津市比叡山延暦寺亀井堂跡所在詮舜阿闍梨碑

資料：天台宗典刊行会『天台宗全書』24巻（1974.5.10再刊）
西塔堂舎並各坊世譜
銅張り：藤原常雅1737元文2撰文：1798寛政10藤原隆英書：大僧都真超建
獣首亀趺：板状碑身・螭首

［先祖を顕彰するもの］

●19）愛知県額田郡幸田町本光寺所在島原藩深溝松平家祖宗紀功碑

史料：$『深溝松平家譜』（『島原半島史』〈下記〉引用）・『深溝世紀』（『島原半島史』引用）
資料：$林銑吉編『島原半島史（下）』（高来郡市教育委員会、1954.9）109～王13頁
向陽林子（春斎）1660万治3撰文：松平忠房1672寛文12実建
獣首亀趺：碣状碑身

●20）鹿児島県薩摩郡宮之城町大徳山宗功寺跡所在島津久通祖先世功碑

資料；宮之城町史編集委員会『宮之城町史』（宮之城町発行、1974.9.15）878～882頁
島津久胤建：林叟（春斎）1678延宝戊午撰文
獣首亀趺：碣状碑身・螭首

●21）愛知県安城市所在本多君忠豊死節碑

写真資料：$『安城町誌』（愛知県碧海郡安城町役場、1919.11.30）356～357頁]
本多実為（従五位下）建：林衡1794寛政6撰文
獣首亀趺：碣状碑身

●22）愛知県安城市所在本多忠高死事碑

写真資料：$『安城町誌』（愛知県碧海郡安城町役場、1919.11.30）357～358頁
本田多顕（従五位下）建：林衡1797寛政9撰文
獣首亀趺：碣状碑身

●長崎県諫早市諫早公園所在読誦大乗妙典壱万部之塔両碑→寺院碑（37）を参照）
●島根県松江市外中原町月照寺所在松江松平六代宗衍公廟寿蔵碑→寿蔵碑（42）を参照）

[南朝功臣を顕彰するもの]

● 23）兵庫県神戸市所在楠正成「嗚呼忠臣楠子之墓」墓表

史料:石川慎斎『水戸紀年』(『茨城県史料・近世政治編I』所収、1970年12月)

資料：$石原道博『朱舜水』(吉川弘文館人物叢書、日本歴史学会編、1961.12.25。新装版1989.12.1) 238・239頁・$湊川神社発行『大楠公』(1968.4.1。非売) 68～74頁

1692元禄5建（『水戸紀年』）：碑陰銘「贈正三位」

亀首亀趺（李朝文廟碑に酷似）：板状碑身・円首

● 24）熊本県菊池市正観寺所在菊池武光（正観公）神道碑

資料：$（銘文一部）『菊池市史』(菊池市発行、1982.3.8) 上巻588～589頁

1779安永8己亥藪愨士厚撰文

獣首亀趺：碣状碑身：円首

● 25）熊本県菊池市所在菊池武重碑

資料：『菊池市史』(菊池市発行、1982.3.8)

1816文化13建

獣首亀趺：碣状碑身・円首

● 26）三重県津市結城神社所在結城神君碑

資料：大西源一『結城宗広卿勤王事蹟』（別格官幣社結城神社社務所、1933.3.31）
碑記藤堂光寛之子1829文政12建：津阪孝綽撰文：碑銘「親光忠勇義烈」・「勤王之志」・「結城明神……楠明神……名和明神」
亀首亀趺：碣状碑身

● 27）滋賀県大津市比叡山延暦寺大黒堂脇所在大塔宮碑
銅張り：獣首亀趺：板状碑身・螭首

［文廟（孔子廟）関係］

● 28）佐賀県多久市西渓公園所在大宝聖堂之碑

資料：*多久市史編纂委員会編『多久の歴史』（1964.5・1、非売）466頁・*木下喜作「多久の地と武富一郎右衛門」（『西日本文化』195・196所収、1983）
武富一郎衛門咸亮1713正徳3撰文
碑身は自然石を利用し、首の部分に螭首などの表現はない：亀趺前面と碑正面一致

● 29）山口県萩市明倫館跡所在明倫館記碑

資料：$中野四郎『明倫館の教育』（萩市明倫小学校、1950.12.25、謄写版、非売）19～34頁・$『毛利十一代史』（名著出版〈東京〉、1972.3.25復刊）6冊324～327頁
毛利宗広建：山県孝孺周南1741元文6撰文：螭首

● 30）山口県萩市明倫館跡所在重建明倫館記碑

資料：$中野四郎『明倫館の教育』（萩市明倫小学校、1950.12.25、謄写版、非売）65 ～ 81 頁

毛利敬親建：山県禎文 1849 嘉永 2 撰文：螭首

［神社関係］

● 31）山口県防府市右田玉祖神杜所在亀趺碑

資料：防府市教育委員会提供情報

願主林万助勝重 1859 安政 6 銘建；総高 209cm

獣首亀趺：碣状碑身

● 32）山口県防府市大道厳島神社所在亀鉄碑（資料とも未収）

● 33）山口県防府市大道繁枝神社所在亀趺碑

獣首亀趺：碣状碑身

● 34）山口県熊毛郡八代村二所神社所在亀趺碑

資料：八代村誌編集委員会編『八代村誌』（1960.9.25、非売）179 ～ 182 頁］

建碑年代不明：防府市天満宮所在大相国管公廟碑に似る。嘉永頃か。

獣首亀趺：碣状碑身

［寺院関係］

●35）福井県阪井郡松平家墳墓菩提寺大安寺所在通称亀墓

資料：$石橋重吉『若越墓碑めぐり』（歴史図書社、1976.9.30）
福井藩四代松平光通建：1658 明暦 4 大安寺大愚宗筑撰文：名目は寺院建立を顕彰するが､実質上松平家のための神道碑。参道（神道）を上ると松平家の墓域がある。
亀首亀趺：碣状碑身・屋蓋形蓋石・螭首

●36）東京都文京区湯島麟祥院所在亀趺碑

亀長 126cm 碑高 126cm
碑銘「江城北湯嶋之地有山謫天澪有寺名麟祥実春日夫人之所立而台徳大君所命…」：1758 宝暦 8「当山第八世伝法沙門頑海慈湛勤跋、中大夫拾遺補闕相州刺史紀正亮、中大夫丹州刺史越智正甫施功勒旨」：春日局の寺院建立を顕彰するが、実質上は春日局と夫の稲葉正成のための神道碑。参道を進むと稲葉正成・春日局（元）夫婦の墓にいきつく。
獣首亀趺：碣状碑身

●37）長崎県諫早市諫早公園所在読誦大乗妙典壱万部之塔両碑

資料：$諫早市史編纂室『諫早市史』（諫早市役所、1958.7.25）437 ～ 439 頁･$諫早史談会編『諫早家系事蹟』（諫早史談会、1987.11.30。『諫早市史』所載の誤字を訂正）390 ～ 393 頁

名目は「読誦大乗妙典壱万部」だが、銘文内容は初代諫早（藤原）家晴の武徳を顕彰
七代諫早豊前藤原茂晴 1715 正徳５誌
獣首亀趺：碣状碑身・屋蓋形蓋石

● 38）山口県防府市大道国分寺所在亀趺碑

資料：重田忠治『防府地方碑文集』（1934.8 調査）
獣首亀趺：碣状碑身

● 39）大分県国東市文殊仙寺所在亀趺碑

獣首亀趺：碣状碑身

● 40）鹿児島県鹿児島市福昌寺島跡島津家墓地所在亀趺碑

獣首亀趺：碣状碑身

［古代の国庁関係］

● 41）山口県防府市国衙所在国庁之碑
資料：重田忠治『防府地方碑文集』（1934.8 調査）42・43 頁
上司主税平重寛：武嶋完次平重勝 1860 安政７銘建
獣首亀趺：碣状碑身

[寿蔵碑]

● 42）島根県松江市外中原町月照寺所在松江松平六代宗衍公廟寿蔵碑

資料：＊土江正司編『月照寺』（月照寺興隆会、報光杜、1987.1.1）

亀長475cm 碣身345cm

寿蔵とは生前に作っておく墓のこと

亀首亀趺：碣状碑身・螭首

[亀趺塔]

● 43）茨城県猿島郡猿島町万蔵院所在宝塔

延宝9銘建

獣首亀趺

[その他]

● 44）新潟県東頸塚郡浦川原村大字虫川字鳥越墓地所在通称亀石
資料：『浦川原村史』（1984.8）

中国亀趺碑資料状況

中国亀趺に関する研究史をたどる上での資料、および下記に使用するその略称を列記すれば、以下のようになる。これらは、亀趺の形状を知らしめてくれる写真や図の資料、同じく形状を記述する資料、および亀趺が背負っている碑の銘文内容を紹介する資料である。朝鮮半島や我が国の亀趺の遺存状況から推して、ここに確認し得ない亀趺碑は相当数にのぼることが予想される。

中国亀趺碑関係資料

◆略称『支仏跡』［亀趺碑一覧における数値は巻数——写真番号］・・・・関野貞・常盤大定『支那仏教史跡』（東京、仏教史跡研究会）巻１（1925.5）・巻４（1926.11）およびその解説（『評解』、1925.6、1927.12）

◆略称『支那建築』・・・・木村貞吉編輯『世界建築集成・支那建築』下（東京、建築学会発行、1929.7.28：亀趺碑は全て関野貞撮影）

◆苗文華『北陵誌略』（遼寧省城北陵公園管理所発行，1933.5.10）

◆略称『支建芸』・・・・関野貞『支那の建築と芸術』（東京、岩波書店、1938.9。「支那碑碣の様式」<原載『書道全集』巻２［1930.8.18］・４［1931.2.20］・６［1931.3.20］・８［1930.2.20］・９［1930.9.18］・18［1930.12.18］・19［1931.1.18］>を収める）

◆略称『碑碣』・・・・関野貞『支那碑碣形式ノ変遷』（東京、座右宝刊行会、1935.9.1、非売）

◆略称『六朝調査』‥‥『六朝陵墓調査報告』（中央古物保管委員会調査報告第一輯、1935.8.1、朱希祖「六朝建康冢墓碑誌考証」＜1935.5.16、作於南京＞・同「神道碑碣考」＜1935.6.6、作於南京＞を含む）

◆略称『金陵』‥‥朱偰『金陵古蹟名勝影集』一冊（商務印書館、1936.7）

◆佐伯好郎『景教の研究』（東方文化学院東京研究所、1935.11.28）

◆略称『支文跡』［亀趺碑一覧における数値は巻数－写真番号］‥‥関野貞・常盤大常『支那文化史跡』（京都、法蔵館）巻３（1939.8）・巻５（1939.11）・巻８（1940.4）・巻９（1940.6）・巻10（1940.8）・巻11（1940.12）および解説（各巻同上）。復刊、法蔵館、1975-1976

◆略称『山西』‥‥水野精一・日比野丈夫『山西古跡志』（京都、中村印刷出版部、1956.6.10）

◆略称「曹丹」‥‥曹丹「四川省蘆山県漢樊敏闕清理復原」（『文物』1963-11）

◆略称『墓誌精華』‥‥中田勇次郎『中国墓誌精華』（東京、中央公論社、1975.12.10）

◆略称『仏教旅』‥‥趙樸初・塚本善隆監修、中国仏教協会・日中友好仏教協会編『中国仏教の旅』（１輯＜1980.4.8＞・２輯＜1980.6.30＞）

◆山西雲崗石窟文物保管所編『華厳寺』（北京、文物出版社、1980.2）

◆南京博物院編『明孝陵』（北京、文物出版社、1981.1）

◆略称『南朝石刻』‥‥姚遷・古兵編著『南朝陵墓石刻』（北京、文物出版社、1981.4）

◆姚遷・古兵編著『六朝芸術』(北京、文物出版社、1981.5)
◆略称『古建指南』‥‥建築師編輯部編『古建築遊覧指南』二(中国建築工業出版社、1981.11)
◆孔祥民・姜偉撮影『曲阜』(山東省新華書店発行、山東人民出版社出版、1982.4)
◆略称『清帝陵寝』‥‥中国第一歴史檔案館編『清代帝王陵寝』(新華書店北京発行所・檔案出版社、1982)
◆斉心編『北京孔廟』(北京、文物出版社、1983.3)
◆略称『ビジュアル８』‥‥尾形勇『東アジアの世界帝国』(ビジュアル版世界の歴史８、講談社、1985.5.10)
◆略称『孔廟建築』‥‥南京工学院建築系・曲阜文物管理委員会合著『曲阜孔廟建築』(新華書店北京発行所発行、1987.12)
◆中国社会科学院考古研究所・定陵博物館・北京市文物工作隊編『定陵掇英』(北京、文物出版社、1989.6)
◆略称『書史博』‥‥西林昭一監修『中国の書・史跡と博物館ガイド』(東京、雄山閣、1989.9.20)
◆中国社会科学院考古研究所・定陵博物館・北京市文物工作隊編『定陵掇英』(北京、文物出版社、1990.5)
◆略称『SPIRIT ROAD』‥‥ ANN PALUDAN『THE CHINESE SPIRIT ROAD : The classical tradition of stone tomb statuary』(Yale University Press、New haven & London、1991)
◆湖北省博物館編『武当山』(北京、文物出版社、1991.8)

以下に、上記諸書等において論究され、また写真が掲載された中国の亀趺(亀形墓誌を含む)を列記しておく。

中国亀趺碑一覧

*写真資料 +拓本・図　　亀趺形式：古形式亀趺（無耳無牙、確認済、以下同じ）のみ注記

《後漢碑》

［墓碑］

●樊敏碑（+『隷続』5-1 葉、「曹丹」、*『SPIRIT ROAD』50 ～ 51 頁：銘 194 初平 5 建、『隷続』は後の作とする）古形式亀趺

《前燕碑》

［神格顕彰碑］

●白石神君碑＜ 4 ＞（『金石図説』甲下 69 葉：銘 354 元璽 3 建）

《梁碑》

［陵碑］

●文帝蕭順碑両亀趺（『六朝調査』29 ～ 33 頁＜ 32 頁墓域平面図＞、『南朝石刻』39 解説：亀趺のみ存、写真無：502 天監 1 追尊称皇帝＜『南史』＞）

●安成康王蕭秀前両碑・後両碑（『支建芸』177・629 ～ 630 頁、『六朝調査』121 ～ 123・201 頁 * 図版 47・48、『金陵』* 5 頁、『支文跡』10-74 解説 87 ～ 88 頁、『六朝芸術』、『南朝石刻』68 解説、『SPIRIT ROAD』79 頁：前西碑亀趺のみ存：518 天監 17 薨）古形式亀趺

●始興忠武王蕭憺東西両碑（『支建芸』177 頁、『六朝調査』113 ～ 121・201 頁、『金陵』* 4 頁、『支文跡』10-75 解説 88 頁、『六朝芸術』、『南朝石刻』72 解説：西碑亀趺のみ存：518 天監 17 薨）

古形式亀趺

●臨川靖恵王蕭宏東西両碑（『支建芸』176・177頁、『碑碣』*18図、『六朝調査』125～145・201頁*図版36、『支文跡』10-77解説89頁、『六朝芸術』、『南朝石刻』52・54・55解説、『SPIRIT ROAD』76頁：522普通3薨）古形式亀趺

《北魏》

［亀形墓誌］

●元顕儁墓誌（『墓誌精華』*32・*33頁、『書史博』+26頁：513延昌2薨）

［亀趺碑形墓誌］

●遼寧朝陽劉賢墓誌（『ビジュアル8』*110頁）

《北周碑》

［神格顕彰碑］

●西岳華山神廟碑＜陝西華陰西岳廟＞（『支建芸』180頁、『碑碣』*26図：567天和2建＜『碑碣』＞）古形式亀趺

《唐碑》

［神道碑］

●陝西醴泉英国公李勣碑（『支那建築』下*図版152、『支建芸』183～185頁、『碑碣』*35図、『支文跡』9-98解説112～114頁：677儀鳳2建＜『碑碣』＞）古形式亀趺

［神格顕彰碑］

●明微君碑（『支仏跡』4 評解 5 頁＜亀趺は後世補修とする＞：銘 676 上元 3 建）

●山西永済二賢祠内古義士伯夷叔斉二公碑（『山西』215 頁 * 図版 89：725 開元 13 建）古形式亀趺

●石壁寺鉄弥勒像頌並序碑（『仏教旅』1 輯 *85 頁：銘 741 開元 29 建）

●大清景教流行中国碑（『支仏跡』1-66 評解 117 頁＜亀趺は近世とする＞、『支建芸』614 頁、『景教の研究』572 ～ 606 頁・* 図版 2：銘 781 建中 2 建）

●山西安邑塩池神廟中門内大唐河東塩池霊慶公祠頌並序碑（『山西』125 頁 * 図版 60：銘 797 貞元 13 建）古形式亀趺

●大唐多宝塔碑（『仏教旅』 1 輯 *130・+ 131 頁）

［先人顕彰碑］

●昇仙太子廟碑（『支建芸』184 ～ 185 頁、『碑碣』付録：699 聖歴 2 建＜『碑碣』＞）

●清河郡王紀功碑（『支那建築』下 * 図版 153、『支建芸』183・184 頁、『碑碣』*37 図、『支文跡』8-98 解説 99 ～ 101 頁：766 永泰 2 建＜『碑碣』＞）

●唐広智（不空）三蔵和尚碑（『仏教旅』 1 輯 *130 頁：銘 781 建中 2 建）

●唐道因法師碑（『仏教旅』 1 輯 *133 頁）

［亀形墓誌］

●李寿墓誌（『文物』74-9：630 薨：獣首）

《五代碑》

[先人顕彰碑]

●雲門寺雲門大師碑（『支文跡』3-57 ～ 60 頁解説 90 ～ 98 頁）

《宋碑》

[神格顕彰碑]

●中岳中天崇聖帝碑（『支建芸』190 頁、『支文跡』5-10 解説 5 頁）

●大宋新修崇岳中天王廟碑（『支建芸』190 ～ 191 頁、『支文跡』5-11 解説 5 頁）

●大宋東岳天斉仁聖帝碑（『支建芸』191・192 ～ 193 頁、『支文跡』11-64 解説 62 ～ 63 頁）

[聖人顕彰碑]

●山東曲阜文廟大宋重修兗州文宣王廟碑（『支那建築』下図版 *172・*173、『支建芸』191 頁、『支文跡』5 解説 35 頁、11-35 解説 37 頁）古形式亀趺

[先人顕彰碑]

●河南偃師宋重修昇仙太子大殿碑（『支建芸』191・192 頁、『支文跡』5-37・38 解説 34 ～ 36 頁）

《金碑》

[聖人顕彰碑]

●山東曲阜文廟大金重修至聖文宣王廟之碑（『支那建築』下図版 *171・*173、『支建芸』192 頁、『支文跡』11-35・37 解説 38 ～ 39 頁、『孔廟建築』* 図版 44・45）古形式亀趺

《元碑》

[神格顕彰碑]

●大同雲中君額設大華厳寺碑（『華厳寺』＊図版 93：銘 1273 至元 10 建）

●山東淄川龍興寺大殿前経幢傍碑（『支仏跡』4-115 評解 114 頁）

[聖人等顕彰碑]

●西安文廟皇元加聖号詔碑（『支那建築』下＊図版 174、『支建芸』195・198・218・219 頁、『支文跡』9-9 解説 10 頁）

●西安文廟奉元路重修廟学之記碑（『支建芸』198 頁、『支文跡』9-10 解説 11 頁）

●山東曲阜文廟大徳建蒙漢両文双碑（『支建芸』195 頁、『支文跡』11-36・37 解説 39 頁：大徳 1297-1307）

●山東済寧文廟重修尊経閣碑（『支那建築』下図版＊175・＊176）

●山東曲阜顔子廟大元勅賜先師允国復聖公新廟碑（『支建芸』195 頁、『支文跡』11-48・49・50 解説 48 ～ 49 頁）

●北京文廟孔子加号碑（『北京孔廟』＊ 3 頁、銘 1306 大徳 10 建）

《明碑》

[陵碑・神道碑]

●皇陵西碑（『SPIRIT ROAD』226 頁）

●孝陵神功聖徳碑（『支那建築』下＊図版 177、『金陵』18・＊19 頁、『支文跡』10-68 解説 86 頁、『明孝陵』：銘 1413 永楽 11 建）

●献陵碑（洪熙帝：『SPIRIT ROAD』170 頁：1425 崩）

●定陵無字碑（万暦帝：『定陵掇英』＊図版 14、『定陵』＊図版 14：1619 崩）

●孔林59代衍聖公孔彦縉神道碑（『孔廟建築』*図版197）
●中山王徐達神道碑（『金陵』*24頁、『国朝献徴録』5-5）
●寧河王鄧愈神道碑（『金陵』*27頁、『国朝献徴録』5-95）
●渾国公宋晟神道碑（『金陵』*28・*29頁、『国朝献徴録』7-49）
●瑞安侯王源神道碑（『金陵』*29頁、『費文憲公摘稿』17-39）
●守備掌南京中軍都督府事鎮遠侯顧公神道碑（『金陵』*30頁）
●景泰副都御史宋公神道碑（『金陵』*30頁）
●守備南京司礼太監鄭強御碑（『金陵』*31頁）

［神格顕彰碑］
●広恵寺碑（『金陵』*76頁、銘1448正統13建）
●曲阜岱廟天貺殿前万代瞻仰碑碑（『仏教旅』２輯*153頁：銘1588万暦16建）

［聖人等顕彰碑］
●重修曲阜孔子廟碑（成化碑：『支那建築』下*図版178、『曲阜』*図版11：銘1468成化4建）
●重修西安儒学文廟記碑（『支那建築』下*図版183、『支建芸』198・218～219頁、『支文跡』9-11解説11頁、銘1475成化11建）
●曲阜文廟同文門東御制碑（『孔廟建築』*図版22・23：1465-87成化年間）
●曲阜曾廟重修宗聖廟碑（『孔廟建築』*86頁：銘1579万暦7建）
●曲阜顔廟仰聖門前碑（『孔廟建築』*図版110）

［先人顕彰碑］
●古隆中草盧碑（銘1540嘉靖19建、『古建指南』二123頁）

《清碑》

［陵碑・神道碑］

●明長陵碑亭内順治神功聖徳碑（明永楽帝陵：龍趺：『支那建築』下＊図版 180：1659 順治 16 建）

●昭陵右配安達礼順治御賜碑（『北陵誌略』*34 頁：銘 1654 順治 11 建）

●東陵孝陵聖徳碑（『清帝陵寝』25 頁：順治帝：1661 順治 18 崩）

●西陵祐陵聖徳神功満漢両文双碑（『SPIRIT ROAD』201 頁：乾隆帝：1799 嘉慶 4 崩）

●昭陵左配楊固里康熙御賜碑（『北陵誌略』31 ～ *33 頁：銘 1700 康熙 39 建）

●西陵昌陵聖徳神功満漢両文双碑（『清帝陵寝』*71 頁：嘉慶帝：銘 1820 嘉慶 25 崩建）

●遵化普祥峪定東陵碑（『清帝陵寝』⁺47 頁：孝貞顕皇后：1881 光緒 7 薨）

［聖人顕彰碑］

●西安文廟康熙帝孔子贊碑（『支建芸』198・219 頁、『支文跡』9-11 解説 11 頁）

●西安文廟康熙帝御製御書顔子贊碑（『支建芸』198・219 頁、『支文跡』9-11 解説 11 頁）

●北京文廟平定大小金川告成太学碑（『北京孔廟』30 頁、銘 1776 乾隆 41 建）

《参考：道教寺院玄武》

●明鋳真武摂亀蛇銅像（『武当山』＊図版 59）

●明鋳鎏金明鋳玄武（『武当山』*図版 132）

●明鋳真武鎏金銅像（『武当山』*図版 134）

朝鮮王朝亀趺碑資料状況

朝鮮半島の亀趺に関する研究史をたどる上での資料、および下記に使用するその略称を列記すれば、以下のようになる。これらは、亀趺の形状を知らしめてくれる写真や図の資料、同じく形状を記述する資料、および亀趺が背負っている碑の銘文内容を紹介する資料である。李朝に関しては亀趺の形状を知る資料に乏しいものがあるが、いくつかの写真資料によっておおよその状況が明かになる他、『韓金大系』が亀趺・螭首の有無を紹介している。なお、『朝金攷』には碑銘内容を知る上での史料（『大東金石書』等）および個々の碑銘を扱ったそれまでの論文等が列記されているので、これらについては、この書を参照されたい。

朝鮮王朝亀趺碑関係資料

◆略称『韓建調査』‥‥関野貞『韓国建築調査報告』（東京帝国大学工科大学、1904.8。復刊『韓国の建築と芸術』、東京、同書刊行会、1988.6）

◆略称『朝建芸』‥‥関野貞『朝鮮の建築と芸術』（東京、岩波書店、1941.8.30。これには『朝鮮美術史』＜朝鮮史学会、1932.9.15＞・「新羅時代の建築」＜『建築雑誌』302・303・305・307・309所収、1911～12年＞・「朝鮮東部に於ける古代文化の遺跡」＜『建築雑誌』318、1913.6＞が収められている）

◆略称『高麗報告』‥‥今西龍『高麗諸陵墓調査報告書』（『大正五

年度古跡調査報告書』292～555頁、朝鮮総督府、同書は『朝鮮考古資料集成』14として復刻＜創学社、1983.5.20＞）

◆略称『図譜』‥‥朝鮮総督府編『朝鮮古蹟図譜』（4＜1916.3.31＞・5＜1917.3.31＞・6＜1918.3.31＞・10＜1930.3.26＞・11＜1931.3.26＞・12＜1932.3.26＞・13＜1933.3.26＞。復刊、東京、名著出版、1973.3.26）

◆略称『朝金攷』（下記亀趺碑一覧の数値は「各節篇」番号）‥‥葛城末治『朝鮮金石攷』（ソウル、大阪屋号書店、1935.8.30）

◆略称「霊岩址」‥‥朴敬源「陜川霊岩寺址와그遺物」（『考古美術』2-10、1961。ソウル、考古美術史学会、事務局檀国大学校博物館）

◆全吉姫「韓国碑石形式의変遷」（未見、『韓美』紹介。『緑苑』7、1962）

◆略称『世端儀軌』‥‥考古美術同人会『世宗端宗胎室修改及表石竪立儀軌』（『考古美術資料』19輯、1967.7.1。ソウル、考古美術同人会）

◆略称『大観』（下記亀趺碑一覧の数値は解説番号）‥‥文化公報部文化財管理局篇『文化財大観』上（1975.12.30）・中（1969.12.30）（ソウル、非売）

◆略称『韓美』‥‥金元竜『韓国美術史』（ソウル、洞文社、1968。1973増訂。西谷正-和訳、東京、名著出版、1976.7.8）

◆略称『高仙寺』‥‥『高仙寺址発掘調査報告書』（文化財管理局・慶州史跡管理事務所、1977.12.25）

◆略称『慶北調査』‥‥慶尚北道文化財課編『石造遺蹟調査報告書』（1978.12）

◆略称『弥勒石窟』‥‥韓国文化財研究院編『中原郡弥勒里・石窟実測調査報告書』（1979.2.15）

◆略称『韓金大系』(下記亀趺碑一覧の数値は図版番号－付録番号－注釈番号、ただしこれらが無い場合は／で示す)‥‥趙東元『韓国金石大系』(円光大学校出版局、巻1＜1979.7.30＞・巻2＜1981.6.15＞・巻3＜1982.1.15＞・巻4＜1985.10.30＞・巻5＜1988.7.30＞)

◆称『石造』(下記亀趺碑一覧の数値は写真番号)‥‥鄭永鎬編『国宝』7「石造」(ソウル、芸耕産業社、1984.8.10。西谷正‐和訳監修、孔泰瑢‐和訳、東京、竹書房、1985.1.20。後者には、西谷正「統一新羅王陵碑をめぐって」を収める)

◆略称『陜川水没』‥‥釜山女子大学博物館編『陜川댐水没地区地表調査報告書』(慶尚南道発行、釜山、1985.4.30)

◆略称『霊岩寺』‥‥東亜大学校博物館編『陜川霊岩寺遺址Ⅰ』(釜山、1985.6.20)

◆略称『四山』‥‥崔英成『註解四山碑銘』(亜細亜文化社、1987.12.10)

◆略称『始華調査』‥‥『始華地区開発事業区域地表調査』(明知大学校博物館叢書第二輯、京畿道同大学出版部、1988.6.30)

◆略称『忠北大報告書』‥‥『西海岸・第二京仁・初興－安山間高速道路文化遺跡地表調査報告書』(忠北大学校考古美術史学科、1990)

また、これらに紹介された亀趺碑を、造られた時代順に列記しておけば以下のようになる(資料は上掲略称)。李朝の品階は、本来「大匡補国崇禄大夫云々」等と記されているのを「正一品」等に言い替えた。★印のついたものは、亀趺形式が獣首である。

朝鮮王朝亀趺碑一覧

* 写真掲載資料　+図掲載資料

《新羅》　首：注記のないものは全て碑身上部の首の部分が螭首

［陵碑］

●太宗武烈王陵碑（『韓建調査』54～56頁＜55頁墓域平面図＞*図28・30、『朝建芸』87・94・610～*611～612・*661～664頁、*『図譜』4-470～472頁、『朝金攷』11、『韓美』232頁、*『国宝』164・挿図39・41・118、『韓金大系』3＜5-/-5＞）
（慶尚北道慶州市西岳里：推定662建＜『朝金攷』＞、推定661建＜『韓美』＞）

●文武大王陵碑→四天王寺西便碑

●聖徳王陵碑（『朝建芸』95頁、*『図譜』5-533頁、*『慶北調査』78、*『国宝』挿図61・62、『韓金大系』3＜17-/-17＞）碑片首失
（慶尚北道慶州市慶州博物館：8世紀後期）

●★興徳王陵碑（『朝建芸』96・621頁、『図譜』5-539＜墓域平面図＞*541頁、『韓金大系』3＜19-18-19＞）
（慶尚北道慶州市慶州博物館：9世紀前期）

［禅師塔碑］

●実相寺証覚大師凝寥塔碑（*『大観』中127、『韓美』232頁、*『国宝』178、『韓金大系』1＜9-/-8＞）洪陟国師・禅門実相寺派開基（『韓金大系』）
（全羅北道南原郡山内面立石里：9世紀中期）

●★大安寺寂安禅師照輪清浄塔碑（*『国宝』挿図3）

（全羅南道谷城：862 建＜『国宝』＞）

●★双峯寺澈鑒禅師塔碑（*『大観』中 162、*『韓美』233 頁、*『国宝』180、『韓金大系』1 ＜ 8-/-7 ＞）
（全羅南道和順郡梨陽面双峯里：868 建＜『国宝』＞）

●★廃高達院佚名塔碑亀趺（*『図譜』6-829 頁、『朝金攷』研究篇）
（京畿道驪州郡北内面上橋里：『朝金攷』は円鑒大師碑＜『祖堂集』所載 868 咸通 9 没の玄昱か、建碑は憲康王 875-886 初年か＞に比定）『大東金石書』禅師

●★沙林寺＜禅林院址＞弘覚禅師塔碑（『朝金攷』29、*『大観』中 204、*『国宝』182）
（江原道襄陽西面米川里：886 建＜『大東金石書』＞）

●★宝林寺普照禅師彰聖塔碑（『朝金攷』28、*『大観』中 161、『韓美』233 頁、*『国宝』171）
（全羅南道長興有治面：銘 884 中和 4 建：880 没）

●★双谿寺真鑒禅師大空塔碑（『朝建芸』88・*641 頁＜亀趺高麗時補とする＞、*『図譜』4-474 ～ 477 頁、『朝金攷』30、『韓美』233 頁、*『国宝』172、*『四山』、『韓金大系』4 ＜ 8-6-8 ＞）
（慶尚南道河東郡花開面雲樹里：887 光啓 3 建＜『大東金石書』＞：850 没）

●★廃聖住寺朗慧和尚白月葆光塔碑（『朝建芸』88 頁、*『図譜』4-478 頁、『朝金攷』35、『韓美』233 頁、*『国宝』173、*『四山』、『韓金大系』2 ＜ 14-15-14 ＞）碑銘「国師禅和尚」
（忠清南道保寧郡嵋山面聖住里：推定 890 建＜『朝金攷』＞：888 没）

●★廃月光寺円朗禅師塔碑（*『図譜』4-479 ～ 480 頁、『朝金攷』31、*『大観』中 187、『韓美』233 頁、*『国宝』175）
（忠清北道堤川郡、現ソウル特別市景福宮：銘 890 竜紀 2 建：883

没）

●★鳳巖寺智証大師寂照塔碑（『朝金攷』32、*『大観』中154、『韓美』233頁、*『国宝』174、*『四山』、『韓金大系』3＜14-16-14＞）『大東金石書』禅師
（慶尚北道聞慶郡加恩面院北里：銘924後梁竜徳4建：882没）

●★鳳林寺真鏡大師宝月凌月空塔碑（『朝金攷』34、*『大観』中189、『韓美』233頁、*『国宝』177・挿図122）禅僧・任那王族
（慶尚南道昌原郡、現ソウル特別市景福宮：銘924後梁竜徳4建、1437重建＜『朝金攷』＞：景明王7没）

●★鷰谷寺東浮屠碑（*『大観』中160、*『国宝』181・挿図123）
（全羅南道求礼郡土旨面：新羅末＜『国宝』＞、高麗時代＜『大観』中＞）

［その他］

●四天王寺址東便亀趺（『朝建芸』88頁、*『図譜』4-473頁、『朝金攷』180～183頁）
（慶尚北道慶州市：新羅文武王時）

●四天王寺址西便亀趺（『朝建芸』88頁、『朝金攷』180～183頁、*『国宝』挿図60、『韓金大系』3＜/-7-/、7-9-7＞）
（慶尚北道慶州市：新羅文武王陵碑を兼ねる＜『国宝』和訳284頁＞）

●唐劉仁願紀功碑（『朝建芸』641頁、*『図譜』4-467～469頁、『朝金攷』10、『韓美』232頁、*『国宝』165、『韓金大系』2＜11-13-11＞）螭首（円圭形蟠龍）
（忠清南道扶余郡扶余邑扶余博物館：推定663建）

●西岳里（伝金陽碑）亀趺（『朝建芸』88頁＜金庾信碑＞、*『図譜』

4-472頁、*『大観』中137、『韓美』232頁＜金仁問碑＞、*『国宝』163・挿図40・117、『韓金大系』3＜8-10-8＞）失首失碑身
（慶尚北道慶州市西岳弥勒里：新羅文武王時7世紀半葉）

●廃高仙寺亀趺（『高仙寺』11・39・+87・+104・*162～163頁）

●弥勒里石窟前亀趺（『弥勒石窟』*23・24・99・+100・+101・+206～279頁）碑失首失
（忠清北道中原郡弥勒里：羅末麗初）

●★鍮蔵寺阿弥陀仏像事跡碑（*『大観』中151、『韓美』232頁、*『国宝』167）双亀趺
（慶尚北道慶州市暗谷洞：801建＜『国宝』＞）

●★昌寧塔金堂治成文記碑（『韓美』232頁、『韓金大系』4＜7-5-7＞）
（慶尚南道昌寧郡昌寧邑校洞：銘810建）

●★霊岩寺址亀趺＜東〈北東〉亀趺＞（*『大観』中207、『韓美』232頁、*『国宝』184・185、『霊岩寺』+図面29・30・31・*図版30・32・47・48・49）碑身失首失
（慶尚南道陜川郡佳会面：9世紀末）

●★霊岩寺址亀趺＜西〈南西〉亀趺＞（*『大観』中207、*『国宝』186、*『霊岩寺』+図面26・27・28・*図版30・32・44・45・46）碑身失首失
（慶尚南道陜川郡佳会面：9世紀末）

［参考：台石に亀趺をあしらった塔］

●廃高達院元宗大師慧真塔（*『図譜』6-761・763頁）

●廃高達院佚名塔（*『図譜』6-764・765頁、『朝金攷』研究篇）
（京畿道驪州郡北内面上橋里：『朝金攷』は塔碑を円鑒大師碑＜『祖堂集』所載868咸通9没の玄昱か、建碑は憲康王875-886初年

か＞に比定）

《高麗》 首：注記のないものは全て螭首

［陵碑］

●★神成王后貞陵碑（『高麗報告』278 ～ 279、289 ～ 290、308 ～ +309 ～ +313 ～ *316 ～ 317 頁）亀趺のみ

（開城郡上道面上道里鳳谷洞：同王后は太祖妃新羅王族）

●★景宗栄陵碑（『高麗報告』278 ～ 279、289 ～ 290、329 ～ +335 ～ *337 頁。景陵の東南谷約 118m）亀趺のみ

（開城郡進鳳面炭洞里：景宗は 981 崩：1096 粛宗元年改葬）

［禅師等塔碑］

●★廃広照寺真澈大師宝月乗空塔碑（『朝建芸』129・131 頁、*『図譜』6-787・788 頁、『朝金攷』36）

（黄海道海州郡錦山面冷井里：銘 937 後唐清泰 4 建：太祖時没）

●★毘盧庵真空大師普法塔碑（『朝建芸』715 頁、*『図譜』6-794 頁、『朝金攷』38、*『大観』中 205、『韓金大系』3 ＜ 26-20-26 ＞）亀趺が亀頭を後ろに曲げる禅宗（『朝金攷』）

（慶尚北道栄豊郡豊基邑三街里：銘 939 己亥建：937 没）

●★菩提寺大鏡大師塔碑（『朝金攷』37、*『大観』中 188、*『国宝』187）

（京畿道楊平郡竜門面延寿里現ソウル特別市景福宮：銘 939 天福 4 建 942 陰刻：930 没）教宗（『朝金攷』）

●★廃法興寺真空大師普法塔碑（『朝建芸』129・130・714 頁、*『図譜』6-789 ～ 791 頁、『朝金攷』38 付記、40）

（江原道原州郡地正面安昌里現ソウル特別市景福宮：940 天福 5

建＜『高麗史』太祖 23 年、『大東金石書』＞：940 没）禅宗（『朝金攷』）

●★地蔵寺（普賢寺）朗円大師悟真塔碑（『朝建芸』715 頁、*『図譜』6-795・796・806 頁、『朝金攷』39、*『大観』中 163、*『国宝』188）禅宗（『朝金攷』）

（江原道溟州郡城山面普光里：銘 940 天福 51 建：930 没）

●★鳴鳳山境清禅院慈寂禅師凌雲塔碑（『朝金攷』41、『韓金大系』3＜27-21-27＞）

（慶尚北道醴泉郡上里面鳴鳳里：銘 941 天福 6 建：939 没）

●★廃浄土寺＜廃開天寺＞法鏡大師慈燈塔碑（『朝建芸』129・*131・132・715 頁、『朝金攷』42、*『大観』中 116、*『国宝』192・挿図 125、『韓金大系』2＜19-19-19＞）

（忠清北道中原郡東良面荷川里：銘 943 天福 8 建：941 没）禅宗（『朝金攷』）

●★廃五竜寺法鏡大師普照慧光塔碑（*『図譜』6-799 ～ 800 頁、『朝金攷』43）

（京畿道開豊郡嶺南面太院里沙器幕洞：銘 944 後晋天福 9 建：921 没）

●★寧越興寧寺澄曉大師塔碑（『朝金攷』44、*『国宝』190）禅宗（『朝金攷』）

（江原道寧越郡水周面：銘 924 後梁竜徳 4 文成、944 後晋天福 9 建：900 没）

●★無為寺先覚大師遍光塔碑（『朝金攷』45、*『大観』中 211、*『国宝』189）

（全羅南道康津郡城田面：銘 946 開運 3 建：917 没）禅宗（『朝金攷』）

●★大安寺広慈大師碑（*『大観』中 184、*『国宝』196・*挿図

128、『韓金大系』 1＜12-6-9＞）

（全羅南道谷城郡竹谷面元達里：銘 950 高麗光徳 2 建：945 没）

●★覚淵寺通一大師塔碑（『朝金攷』研究篇）禅宗（『朝金攷』）

（忠清北道槐山郡長延面台城里：推定 958-960 建：高麗光宗頃没）

●★鳳巖寺静真大師円悟塔碑（『朝金攷』50、*『大観』155、*『国宝』191、『韓金大系』 3＜28-22-28＞） 禅宗（『朝金攷』）

（慶尚北道聞慶郡加恩面院北里：銘 965 乾徳 3 建、陰記 966 碑塔工事開始 977 完了：956 没）

●★廃高達寺元宗大師慧真塔碑（『朝建芸』131・*714・715 頁、*『図譜』6-801 ～ 803 頁、『朝金攷』51、*『大観』中 111、*『国宝』199・200・201・202、『韓金大系』 5＜2-2-2＞）禅宗（『朝金攷』）

（京畿道驪州郡北内面上橋里：銘 975 開宝 8 建：958 没）

●★普願寺法印国師宝乗塔碑（『朝金攷』52、*『大観』中 148、*『国宝』193・194、『韓金大系』 2＜22-22-22＞）

（忠清南道瑞山郡雲山面竜賢里：銘 978 太平興国 3 建：975 没）

●★鷰谷寺玄覚禅師塔碑（*『大観』中 159、*『国宝』204・205・206・挿図 129・130、『韓金大系』 1＜13-8-10＞）

（全羅南道求礼郡土旨面内東里：979 建＜『韓金大系』＞）

●★廃浄土寺＜廃開天寺＞弘法国師実相塔碑（『朝建芸』715 頁、*『図譜』6-806 頁、*『大観』中 186、*『国宝』207）禅宗（→上掲廃開天寺）

（忠清北道忠州郡東良荷川里浄土寺址、現ソウル特別市景福宮：銘 1017 丁巳建：高麗穆宗時没）

●★廃居頓寺円空師勝妙塔碑（『朝建芸』129・131 頁、*『図譜』6-810・811 頁、『朝金攷』59、*『大観』中 140、*『国宝』挿図 131）禅宗（『朝金攷』）

（江原道原城郡富論面：銘 1025 遼太平乙丑建：1018 没）

●★浮石寺円融国師碑（『朝建芸』715 頁、*『図譜』6-829 頁、*『慶北調査』85、『朝金攷』61）

（慶尚北道栄州郡浮石面北枝里：推定 1054 建＜『海金石存攷』＞：1053 文宗 7 没）

●★七長寺慧炤国師碑（『朝金攷』63、*『大観』中 206、*『国宝』212・213・214・215、『韓金大系』 5 ＜ 5-5-5 ＞）現在碑身のみが長方形台石に乗り螭首亀趺とは別に保存されている。僧統・教宗（『朝金攷』）

（京畿道安城郡二竹面七長里：銘 1060 遼清寧 6 建：1054 没＜『韓金大系』＞）

●★廃法泉寺智光国師玄妙塔碑（『朝建芸』*715 頁、*『図譜』6-812 ～ 815 頁、『朝金攷』64、*『国宝』216・217・挿図 64）僧統・教宗（『朝金攷』）

（江原道原城郡富論面：銘 1085 遼大安 1 建：1067 没）

●★金山寺慧徳王師真応塔碑（『朝建芸』129・132 頁、*『図譜』6-816 頁、『朝金攷』67、*『大観』中 121、*『国宝』210・211、『韓金大系』 1 ＜ 15-9-12 ＞）首失僧統・教宗（『朝金攷』）

（全羅北道金堤郡水流面金山里：銘 1111 遼天慶 1 建：1096 没）

●★雲門寺円応国師碑（『韓金大系』 3 ＜ 33-26-33 ＞）

（慶尚北道清道郡雲門面新院洞：1147 建＜『韓金大系』＞、銘 1123 宋徽宗癸卯建：1101 没）禅師

●★廃般若寺元景王師碑（『朝金攷』68、*『大観』中 153、『韓金大系』 4 ＜ 18-14-18 ＞）蓋石（簷石）僧統・教宗（『朝金攷』）

（慶尚南道陜川郡伽倻面緇仁里：推定 1125 建＜『海東金石存攷』他＞：1119 没）

●★霊通寺大覚国師塔碑（*『図譜』6-817 ～ 819 頁、『朝金攷』69）
長方形蓋石（簷石）
（京畿道開豊郡嶺南面玄化里：推定 1125 建<『朝金攷』>：1101 没）
僧統・教宗（『朝金攷』）

●★寧国寺円覚国師碑（『朝金攷』84、*『国宝』219・挿図 133）禅宗（『朝金攷』）
（忠清北道永同郡陽山面：1180 淳熙 7 建<『大東金石書』>：1174 没）

●宝鏡寺円真国師碑（*『大観』中 178、*『国宝』225、『韓金大系』3 < 36- 29-36 >中国式禅師（『韓金大系』）
（慶尚北道迎日郡松羅面中山里：銘 1224 甲申建：1221 没）

●★般若寺元景王師碑（*『国宝』221）僧統・教宗（→上掲海印寺）
（慶尚南道陜川郡海印寺：1125 建< *『国宝』>）

———南宋 1127 ～————————————————————

———南宋滅亡 1279 ——————————————————

●★檜巌寺禅覚王師碑（*『国宝』230・231・挿図 136、『韓金大系』5 < 11-11-11 >）
（京畿道楊州郡檜泉邑檜巌里：銘 1377 高麗宣光 7 建：1376 没）

●★太古寺円証国師塔碑（『朝金攷』100、*『国宝』220、『韓金大系』5 < 14-14-14 > 長方形蓋石（簷石）大禅師（『朝金攷』）
（京畿道高陽郡神道邑北漢里：銘 1385 洪武 18 建：1348 帰国後没）

●檜巌寺禅覚王師碑（*『大観』中 199）中国式亀趺
（京畿道楊州郡檜泉面檜巌里：1383 建<『大観』中>：1382 没）

［その他顕彰碑］

●★月南寺址石碑（*『大観』中 194、*『国宝』195）首失
（全羅南道康津郡城田面：10 世紀末<『国宝』>）

●★廃玄化寺玄化寺碑（『朝建芸』129・131 頁、*『図譜』6-807 ～ 809・819 頁、『朝金攷』57）
（京畿道開豊郡嶺南面玄化里：銘 1021 天禧 5 建、高麗史顕宗 12.8（1021））
●★奉先弘慶寺碣（『朝金攷』60、*『国宝』209、『韓金大系』 2 ＜ 24-/- 24 ＞）
（忠清南道天原郡成歓邑大弘里：銘 1026 聖上御囿之 18 歳遼太平 6 建）
―――南宋 1127 ～―――――――――――――――――――――――――
―――南宋滅亡 1279 元――――――――――――――――――――――
―――明建国 1368 ―――――――――――――――――――――――
●★神勒寺大蔵閣記（『朝建芸』716 頁、『韓金大系』5 ＜ 13-12-13 ＞）現在碑身のみが長方形台石に乗り螭首亀趺とは別に保存されている。
（京畿道驪州郡北内面川松里：銘 1383 癸亥建）
―――以下建碑時期未詳――――――――――――――――――――
●★瑩源寺址螭首銘（『韓金大系』 4 ＜ 22-/-22 ＞）
（慶尚南道密陽郡密陽邑活城洞山五：高麗時代）
●★鎮川蓮谷里石碑（*『大観』中 202、*『国宝』218）
（忠清北道鎮川郡鎮川邑：高麗時代＜『国宝』＞）
●★竜門寺重修碑（『朝建芸』715 頁、『朝金攷』86）碑身
（慶尚北道醴泉郡竜門面内地里：高麗後期）
●★居頓寺址亀趺（*『大観』上 102）亀趺のみ
（江原道原城郡富論面：高麗時代）
●★神光寺無字碑（*『図譜』6-820 頁）
（黄海道海州郡北嵩山：高麗時代）

●★覚華寺亀趺（*『図譜』6-829 頁）
（慶尚北道奉化郡太白山：高麗時代）

［参考：台石に亀趺をあしらった塔］

●★廃高達院元宗大師慧真塔（*『図譜』6-761・763 頁）
（京畿道驪州郡北内面上橋里：塔碑銘 975 開宝 8 建：958 没）

《李朝》 亀趺形式：★獣首　　首：注記のないものは全て螭首

［陵碑・胎室碑］

●太祖健元陵神道碑（『朝建芸』188・189 頁、*『図譜』11-1613 頁・12-1933・1934 頁、『韓金大系』5＜22-21-22＞）
（京畿道九里市東九洞東九陵：銘 1409 永楽 7 建：1408 没）

●太宗献陵碑（『朝建芸』188・189 頁、*『図譜』11-1617 頁、*『大観』上 67）
（ソウル特別市城東区内谷洞：1424 建＜『朝建芸』＞）

●世宗大王胎室碑（+『世端儀軌』）

●文宗大王胎室碑（『韓金大系』3＜75-/-75＞）
（慶尚北道醴泉郡上里面鳴鳳里：銘 1735 崇禎紀元後 108 建）

●端宗大王胎室碑（+『世端儀軌』）

●太祖健元陵表（『韓金大系』5＜150-/-150＞）
（京畿道九里市東九洞東九陵：銘 1900 李朝光武 4 建）

［神道碑］

●尹文孝公神道碑（*『国宝』244）螭首宝首
（全羅南道求礼郡山洞面：1519 建＜*『国宝』＞）

●洪貴達神道碑（*『慶北調査』83、『韓金大系』3＜40-31-40＞）

（慶尚北道聞慶郡永順面栗谷里：銘 1535 嘉靖 14 建：1504 没：贈正二品）

●尹殷輔神道碑（『韓金大系』 5 ＜ 38-/-38 ＞）

（京畿道議政府市長谷洞：銘 1551 嘉靖 30 建：1543 没：正一品）

●李峪神道碑（『韓金大系』 5 ＜ 40-32-40 ＞）屋蓋形蓋石

（京畿道南楊州郡別内面徳松里：銘 1573 万暦 1 建：1559 没：王子正一品）

●沈通源神道碑（『韓金大系』 5 ＜ 41-/-41 ＞）

（京畿道抱川郡蘇屹面梨谷里：銘 1575 万暦 3 建：正一品）

●李彦迪神道碑（『韓金大系』 3 ＜ 42-33-42 ＞）

（慶尚北道月城郡安康邑玉山里：銘 1577 万暦 5 建：1547 流没：贈正一品）

———文禄・慶長の役（壬辰和乱）1592・97 ———————

●洪履祥神道碑（『韓金大系』 5 ＜ 49-40-49 ＞）

（京畿道高陽郡碧蹄邑城石里：銘 1617 丁巳建：1615 没：贈正一品）

●金宗直神道碑（『韓金大系』 4 ＜ 33-27-33 ＞）

（慶尚南道密陽郡府北面堤大里：銘 1635 崇禎 8 建：1492 没：正二品）

———清軍進駐 1636 ———————

●李鐸神道碑（『韓金大系』 5 ＜ 60-51-60 ＞）

（京畿道楊州郡南面閑山二里：1595 万暦乙未碑文、今上戊子（1648?、後刻 ?、1708?）春刻石而立之：1576 没：正一品）

●韓孝仲神道碑（『韓金大系』 5 ＜ 62-52-62 ＞）屋蓋形蓋石

（京畿道驪州郡興川面桂信里：銘崇禎庚寅季冬（1650?、後刻 ?、1710?）建：1628 没：贈正二品）

●李濬神道碑（『韓金大系』 5 ＜ 65-55-65 ＞）

（京畿道抱川郡新北面新坪里：戊戌（1658 後刻、1718?）夫人陰銘己亥（1659）：1658 没：王子正一品）

———以下銘文年代崇禎紀元———————————————

●張維神道碑（『韓金大系』 5 < 77-/-77 >）屋蓋形蓋石
（京畿道始興郡秀岩面鳥南一里：銘 1676 崇禎紀元戊辰後丙辰建：1638 没：贈正一品）

●李浣神道碑（『韓金大系』 5 < 83-68-83 >）
（京畿道驪郡驪州邑上居里：銘 1688 崇禎紀元之後 61 年戊辰建；1674 没：正一品）

●金澍神道碑（『韓金大系』 3 < 61-/-61 >）蓋石
（慶尚北道善山郡桃開面宮基里：銘 1699 崇禎紀元後 72 年己卯建：李朝初没：高麗礼儀判書。高麗滅亡後李朝に仕えず、不事二君を評価）

●鄭起竜神道碑（『韓金大系』 3 < 62-/-62 >）
（慶尚北道尚州郡沙伐面衿欣里：銘 1700 崇禎紀元後 37 年（73 年の誤刻）庚辰建：1622 没：正一品）

●全湜神道碑（『韓金大系』 3 < 63-/-63 >）
（慶尚北道尚州郡尚州邑外畓里：1700 建<『韓金大系』 注>：1642 没：正一品）

●李倩神道碑（『韓金大系』 5 < 59-50-59 >）
（京畿道南楊州郡和道面鹿村里：1647 は誤り。銘 1707 大明崇禎戊辰後丁亥建：1656 没：王子正一品）

●閔維重神道碑（『韓金大系』 5 < 93-68-93 >）方形蓋石
（京畿道驪州郡驪州邑陵峴里：銘 1707 崇禎紀元之 80 年丁亥建：1687 没：正一品）

●淑嬪崔氏神道碑（『韓金大系』 5 < 102-/-102 >）方形螭首

（京畿道坡州郡広灘面霊場里：銘1725皇明崇禎紀元後98年乙巳建：1718没：王母正一品）

●閔鎮厚神道碑（『韓金大系』5 < 107-/-107 >）

（京畿道驪州郡加南面安金里：1732崇禎紀元之百有五年壬子立癸丑継媲没追祔于下同原異室：1720没：従一品）

●金弘柱神道碑（『韓金大系』5 < 108-/-108 >）蓋石

（京畿道漣川郡漣川邑通峴一里：1742崇禎紀元後歳銘壬戌建：1694没、夫人1704没：贈正一品、英祖十年（1734）追贈領議政）

●鄭経世神道碑（『韓金大系』3 < 82-45-82 >）

（慶尚北道尚州郡恭倹面釜谷里：銘1758崇禎紀元後百三十二年戊寅建：1633没：贈従一品）

●鄭世雅神道碑（『韓金大系』3 < 85-/-85 >）

（慶尚北道永川郡紫陽面聖谷里：銘1760崇禎紀元後再庚辰建：1612没：贈正二品）

●権応銖神道碑（『韓金大系』3 < 89-48-89 >）

（慶尚北道永川郡新寧面雉山洞：銘1767崇禎後三丁亥建：1608没：贈従二品）

●韓浚謙神道碑（*『忠北大報告書』57～59頁等、『始興調査』138・*139・1401～45頁：従一品）

（京畿道始興市去毛洞：銘1769建：1627没）

●李増神道碑（『韓金大系』3 < 111-/-111 >）

（慶尚北道安東郡礼安面棄仕洞：銘1818崇禎四戊寅建：成宗朝の官吏：贈従二品）

●文益漸神道碑（『韓金大系』4 < 76-51-76 >）

（慶尚南道山清郡新安面新安里：銘1834崇禎紀元後四甲午建：1398没：高麗左司議大夫右文館提学）

●永鷹大君李淡神道碑（*『忠北大報告書』63 ～ 64 頁等・『始興調査』146 ～ 149・*105 頁）
（京畿道始興市去毛洞：銘 1900 光武 4 改碑建：1497 没）
●権太師神道碑（新碑）（『韓金大系』 3 < 124-/-124 >）
（慶尚北道安東郡西後面城谷洞：銘 1901 李朝光武五年辛丑建：高麗人：高麗三韓壁上三重大臣亜父功臣太師）
●南平文氏神道碑（『陜川水没』27・28・40 ～ 42 頁）
（慶尚南道陜川）
●玉山書院李晦斎神道碑（*『図譜』13-1941）

[**その他顕彰碑**]
●演福寺塔重刱碑（*『図譜』13-1392、『朝建芸』188 頁）
（開城：1392 建<『朝建芸』>）
●京城文廟碑（*『図譜』13-1395）
●大円覚寺碑（『韓建調査』215 ～ 216 頁 * 図 326・327、『朝建芸』188・189 頁、*『図譜』13-1936 ～ 1937 頁、*『国宝』239・240・241、*『大観』中 109）
（ソウル特別市パゴダ公園内:1467 建<『朝建芸』>、1471 建<『国宝』>）
●大清皇帝功徳碑（*『図譜』13-1398）
●荒山大捷碑（『韓金大系』 1 < 27-/-21 >）
（全羅北道南原郡雲峰面花水里：銘 1577 万暦 5 建）
———文禄・慶長の役（壬辰和乱）———
●申崇謙忠烈碑（『韓金大系』 3 < 43-/-43 >）方形蓋石
（慶尚北道達城郡公山面智沙里：銘 1607 万暦 35 建：高麗太祖の時戦死）

●四溟大師石蔵碑（『韓金大系』 4 < 30-24-30 >）

（慶尚南道陜川郡伽倻面緇仁里海印寺：銘 1612 万暦 40 建：1610 没）

●左水営大捷碑（*『国宝』243）長方形蓋石宝首

（1615 建<『国宝』>）

———清軍進駐 1636 ———

●道岬寺道詵国師碑（*『図譜』13-1939 頁、『朝建芸』188・*189 頁、*『国宝』139）

（霊巖：1636 建<『朝建芸』>）

●三田渡清太宗功徳碑（*『大観』上 113）

（ソウル特別市城東区松坡洞：1639 建<『大観』上>）

●常泰寺円覚祖師塔碑（『韓金大系』 3 < 51-41-51 >） ？？

（慶尚北道迎日郡松羅面祖師里：銘 1648 順治 5 建：1459 没）

●大同均役万世不忘碑（『韓金大系』 5 < 66-59-66 >）

（京畿道平沢市碑前二洞素沙：銘 1659 順治 16 建）

———以下銘文年代崇禎紀元———

●直指寺事跡碑（『韓金大系』 3 < 57-/-57 >）

（慶尚北道金陵郡代項面雲水洞：銘 1681 崇禎紀元戊辰後 54 年辛酉建）

●李舜臣忠烈廟碑（『韓金大系』 4 < 40-33-40 >）

（慶尚南道忠武市明井洞：銘 1681 崇禎重光（辛）作噩（酉）立秋識建：1583 没）

●矗石旌忠壇碑（『韓金大系』 4 < 43-36-43 >）

（慶尚南道晋州市本城洞：銘 1686 崇禎後五十九年丙寅建：壬辰和乱時功臣）

●敬徳宮址碑（『韓建調査』216 頁 * 図 330、*『図譜』13-1940 頁）

（開城：銘 1694 甲戌建）

●通度寺舎利塔碑（『韓金大系』 4＜46-/-46＞）
（慶尚南道梁山下北面芝山里：銘 1706 崇禎甲申後 63 年丙戌建）
●鄭圃隠碑（『韓建調査』216～217 頁 * 図 328）
（開城善竹橋畔：1740 崇禎紀元後 113）
●竜巌書院廟庭碑（『陜川水没』110・*174 頁、『韓金大系』 4＜59-/-59＞）蓋石
（慶尚南道陜川郡鳳山面竹竹里：銘 1752 崇禎后三周壬申建）
●宋時烈謫廬遺墟碑（『韓金大系』 4 済州＜1-/-1＞）蓋屋形蓋石異形亀趺
（済州道済州市二徒一洞：1771 建＜『韓金大系』注＞：1689 没）
●郭再祐遺墟碑（『韓金大系』 4＜69-/-69＞）異形亀趺碑身
（慶尚南道昌寧郡都泉面友江里：銘 1789 崇禎紀元後三己酉建：1593 年戦功）
●双忠事跡碑（『韓金大系』 4＜70-/-70＞）
（慶尚南道晋州市本城洞 500～3：銘 1792 上之 16 年建：壬辰和乱時戦死者追悼）
●御射台碑（『韓金大系』 5＜126-/-126＞）戸牌形碑身
（京畿道楊州郡州内面維楊里：銘 1792 崇禎三壬子建）
●万安橋碑（『韓金大系』 5＜127-/-127＞）屋蓋形蓋石
（京畿道安養市安養洞：銘 1795 上之 19 年建）
●李彭寿旌閭碑（『韓金大系』 3＜101-/-101＞）
（慶尚北道月城郡安康邑山岱里：銘 1804 崇禎紀元後 3 甲子建：壬辰和乱烈士、贈従二品）
●桐華寺仁嶽大師碑（『韓金大系』 3＜104-/-104＞）蓋石
（慶尚北道達城郡公山面道鶴洞：銘 1808 崇禎紀元後 3 戊辰建：1796 没）

●彰忠祠事跡碑（『韓金大系』 4＜77-/-77＞）
（慶尚南道居昌郡居昌邑東洞：銘 1837 崇禎紀元後 4 丁酉建）
●橘林書院廟庭碑（『韓金大系』 4 済州＜4-2-4＞）蓋石
（済州道済州市二徒一洞：銘 1850 崇禎紀元後 4 上章＜庚＞閹茂＜戊＞建）
●三姓穴碑（『韓金大系』 4 済州＜6-/-6＞）冠石
（済州道済州市二徒一洞：銘 1856 崇禎後 4 丙辰建）
●高氏三昆弟埋安碑（『韓金大系』 4 済州＜7-/-7＞）蓋石
（済州道済州市二徒一洞：銘 1871 同治 10 年辛未 5 月建）
●禹倬遺墟碑（『韓金大系』 3＜94-/-94＞）蓋石
（慶尚北道安東郡臥竜面烏川洞：1789 は誤り。碑陰「正廟己酉後 92 年庚辰＜1880＞4 月日移竪刻陰」：1342 没：高麗祭酒）
●教授亭碑（『韓金大系』 4＜81-/-81＞）屋蓋形蓋石、亀趺は自然岩盤を彫刻
（慶尚南道咸陽郡池谷面徳岩里：銘 1882 崇禎 5 壬午建）
●鳳棲亭遺墟碑（『陜川水没』94・95・*149 頁）
（慶尚南道陜川）
●★仙巌寺重修碑（*『図譜』13-1942 頁）
（全羅南道順天郡雙岩面）
●華厳寺碧巌大師碑（*『図譜』13-1942 頁）
（全羅南道求礼郡馬山面）
●表訓寺西山大師碑（*『図譜』13-1944 頁）
（江原淮陽郡長楊面）
●★大興寺碑（*『図譜』13-1944 頁）
（全羅南道海南郡三山面）
●碧潭大師碑（*『図譜』13-1945 頁）

（黄海長淵郡薄沢面）

●楡帖寺松月堂大師碑（*『図譜』13-1945 頁）

（江原機城郡西面）

平勢　隆郎（ひらせ　たかお）
1954年茨城県生まれ。東京大学文学部卒業、同大学院修士課程修了、博士（文学）。現在東京大学東洋文化研究所教授。専攻は中国史。著書に『新編史記東周年表』（東京大学東洋文化研究所、東京大学出版会）、『中国古代紀年の研究』（東京大学東洋文化研究所、汲古書院）、『『春秋』と『左伝』』（中央公論新社）など。

白帝社アジア史選書
HAKUTEISHA's
Asian History Series
004

亀の碑と正統
領域国家の正統主張と複数の東アジア冊封体制観

2004年2月4日　　初版発行

著　者　平勢隆郎
発行者　佐藤康夫
発行所　白 帝 社
〒171-0014　東京都豊島区池袋2-65-1
Tel　03-3986-3271　Fax　03-3986-3272
http://hakuteisha.co.jp
印刷　倉敷印刷　　製本　若林製本所

 ISBN4-89174-675-0

白帝社アジア史選書
HAKUTEISHA's
Asian History Series

発刊にあたって

二十一世紀はアジアの世紀である。日本とアジアの国々の距離はいよいよ近づき、人々の交流はますます緊密さを増していくだろう。わたしたちは今、アジアの一員であることをきちんと自覚し、対等平等の立場からアジアの将来を考え、日本の位置を見定める時期に立っている。

日本は二十世紀の前半、アジアの国々に侵略し、数え切れない生命を奪い、国土を踏みにじり、かの地の人々に激しい憤りと悲しみと絶望を与えた。それから半世紀以上を経過して、かれらの心に沁みついた不信の念は完全に払拭できたであろうか。正直なところ、まだ過去の残像に引きずられ、未来志向の安定した関係を打ち立てるに至っていない。

こうした現状の背後には、欧米と比べてアジアを低く見る観念や、アジアの現実を共感共有できない視野の狭さが伺われる。だがアジアは、世界のどこにも引けを取らない豊かな歴史、多彩な文化をもって今日に及んでいる。しかも世界が宗教を正義として血を流しあうなかで、仏教を信仰するアジア地域からは仏教による抗争を生んでいない。これはわたしたちの誇るべき財産である。

白帝社アジア史選書は、そのようなアジア諸国と正面から向き合い、歴史の面からその魅力と本質に迫り、アジアを知る新たな手がかりと可能性を提示することを目指すものである。わたしたちのいうアジアとは、東アジアに軸足を置きつつ、他のアジア全域に及ぶ。当然日本も大切な領域となる。この選書が少しでも多くの読者の目に止まり、良質なアジア史理解の形成に貢献できることを切望している。

二〇〇三年十月